INTRODUCING DERRIDA: A GRAPHIC GUIDE by JEFF COLLINS AND BILL MAYBLIN.
Copyright: TEXT COPYRIGHT ©1996 JEFF COLLINS, ILLUSTRATIONS COPYRIGHT ©2012 ICON BOOKS LTD.
through BIG APPLE AGENCY, INC.,LABUAN, MALAYSIA.
Simplified Chinese edition copyright:
2022 SDX JOINT PUBLISHING CO. LTD.
All rights reserved.

图画通识丛书
A Graphic Guide

德里达

Introducing Derrida

杰夫·柯林斯（Jeff Collins）/ 文
比尔·马布林（Bill Mayblin）/ 图
徐晶、吴琼 / 译

Simplified Chinese Copyright © 2022 by SDX Joint Publishing Company.
All Rights Reserved.
本作品简体中文版权由生活·读书·新知三联书店所有。
未经许可，不得翻印。

图书在版编目（CIP）数据

德里达／（英）杰夫·柯林斯，（英）比尔·马布林著；徐晶，吴琼译．—北京：生活·读书·新知三联书店，2022.3　（2025.5 重印）
（图画通识丛书）
ISBN 978 – 7 – 108 – 07324 – 2

Ⅰ.①德…　Ⅱ.①杰…②比…③徐…　Ⅲ.①德里达（Derrida, Jacques 1930-2004）–哲学思想–研究　Ⅳ.① B565.59

中国版本图书馆 CIP 数据核字（2021）第 249171 号

责任编辑	周玖龄
装帧设计	张　红　李　思
责任校对	曹秋月
责任印制	卢　岳
出版发行	生活·讀書·新知 三联书店 （北京市东城区美术馆东街 22 号 100010）
网　　址	www.sdxjpc.com
图　　字	01-2019-1205
经　　销	新华书店
印　　刷	北京隆昌伟业印刷有限公司
版　　次	2022 年 3 月北京第 1 版 2025 年 5 月北京第 2 次印刷
开　　本	787 毫米 × 1092 毫米　1/16　印张 5.75
字　　数	50 千字　图 177 幅
印　　数	6,001 – 9,000 册
定　　价	39.00 元

（印装查询：01064002715；邮购查询：01084010542）

目 录

001 德里达何许人？
002 何谓解构？
004 底线
007 德里达的学位：事关荣誉之事
010 哲学批判
011 "雅克·德里达"
013 阅读德里达的著作
014 病毒式的基质
015 不可决断性
016 介乎生死之间
018 对立
019 不确定性的恐怖
023 柏拉图对哲学的奠基
024 柏拉图的药
030 药物治疗
032 增补
034 皇牌
035 巫师和替罪羊
038 言语与文字
039 语音中心主义
041 文字无用且危险吗？
043 形而上学和逻各斯中心主义
044 基础如何确立？
045 德里达与形而上学
046 颠倒
046 置换
047 在场形而上学
049 在场与言语
052 对文字的压抑
053 1960年代的代表人物
053 现象学与结构主义
054 重要的现象学家
055 重要的结构主义者
057 纯粹现象学恰当的观念

- 060　索绪尔语言学
- 068　踪迹
- 070　结构主义和现象学：德里达的操作
- 072　策略："文字"
- 073　策略：延异
- 074　延异的四个领域
- 076　交流失序
- 077　语境的保证
- 078　事件
- 079　语言的蜕化
- 081　写作课：可重复性
- 082　引述和嫁接
- 083　可能失败的法则
- 084　交流？
- 085　签名和花押
- 089　解构是什么？
- 090　何谓解构？
- 091　你不是这样想的吗？
- 093　一主义？
- 096　写作与文学
- 097　文学文本、哲学文本
- 098　污染
- 099　边界的写作
- 101　拆解单词
- 102　阅读马拉美
- 103　尤利西斯留声机
- 104　乔伊斯内心的"是"
- 106　其他的"是"
- 107　以乔伊斯之名
- 108　批评的任务
- 109　打开文本
- 110　《丧钟》
- 112　一个作者？
- 113　一个标题？
- 113　边页和边界？
- 114　哲学、文学
- 116　建筑
- 117　解构建筑
- 118　维莱特公园
- 119　公园的解构
- 120　功能性的奇想
- 124　合作：哲学和建筑
- 127　多声部作品
- 129　律令和功能
- 130　重新铭写
- 131　后现代主义
- 132　视觉艺术

- 133 贾斯培·琼斯
- 134 绘画中的真理
- 136 康德美学
- 138 内部 / 外部
- 139 边饰
- 141 盲人回忆录
- 143 布塔兹和素描登场
- 147 政治和建制
- 149 围绕政治的写作
- 150 团结与忠诚
- 151 海德格尔之争
- 154 保罗·德·曼之争
- 158 解构与女性主义
- 160 编舞
- 163 马克思与马克思主义
- 164 马克思的幽灵们
- 168 解构的遗言?
- 169 解构有未来吗?
- 171 参考书目
- 171 延伸阅读
- 174 致谢
- 175 索引

德里达何许人?

雅克·德里达是一位哲学家,但他从未写过一目了然的哲学作品。

他的著作已被宣称是当代思想最重要的成果,但也被人指责是对所有知识价值的破坏。

德里达的声誉总和所谓的"解构"(Deconstruction)联系在一起,但在当代哲学的整个发展过程中,解构可能是最难以归纳的。

何谓解构?

这个问题的答案多种多样:

- 一种处理哲学的方式
- 一种阅读理论文本的方法
- 一种积极地制造麻烦的手段
- 最时髦的文学理论
- 一种超乎你所思所想的东西
- 文学对哲学的报复
- 对哲学确定性具有杀伤力的回应
- 来自怀疑主义和非理性主义的古老错误
- 对"是什么"这样的提问方式的抵制
- 德国唯心主义进入死胡同的论题的重复
- 一种危险的新海德格尔主义
- 一种准先验论
- 对理论自满的一种伦理回应
- 一种毫无必要的、肤浅的阐释学
- 对西方哲学传统的持续攻击

上面所有的(以及其他)说法都被用于解构。但有一点是共同的:其主要的代言人就是雅克·德里达。

德里达的著作动摇了我们对于文本、意义、概念和同一性的常规认知——不只是在哲学中,也在其他领域。

对此的回应既有讲究逻辑的批评,也有十足的滥用——解构引发了许多争议。它应该因为政治上有害的虚无主义而受到指责吗?抑或作为一种有关选择和差异的激进的哲学而受到赞扬?

对于德里达的著作,公共争论还不足以涵盖全部,但争论揭示了当代哲学中某些至关重要的东西。剑桥大学的一次小小的争吵可以准确地说明这一点。

底线

按照 1479 年以来的传统,英国的大学常常会授予名流荣誉学位。虽然不太清楚这么做的理由,但它对双方是一件两全其美的事。

1992 年 3 月 21 日,剑桥大学教授委员会开会决定年度荣誉名单。这基本就是走一个过场,因为 29 年来,没有否决过任何候选人。但这一年雅克·德里达的名字在列。有四位成员表达了"不赞成"(non placet)的意见。他们是文学史学者亨利·埃斯金-希尔(Henry Erskine-Hill)、英国文学教授伊恩·杰克(Ian Jack)、哲学教授大卫·雨果·梅洛(David Hugh Mellor)、盎格鲁-撒克逊博斯沃思教授雷蒙·伊恩·帕格(Raymond Ian Page)。他们要求学校安排一次投票进行表决。

这里有两个难题。首先，这是一次跨界争论。德里达的支持者多来自英语系，但从德里达接受的教育和从事的专业领域看，他是一个哲学家。更为讽刺的是，剑桥大学这两个院系的传统人士都认为德里达的思想是极其不妥的，是冒犯性的和颠覆性的。

各个阵营被组织起来，新闻媒体也闻风而动。在那些愤怒的成员眼里，德里达代表着"法国理论"中危险而时髦的一支。他们攻击盎格鲁－撒克逊的态度。

> 法国学院派哲学是官话、权威和时尚的混合。英国哲学家一般认为他们在准确性、明确性和严谨性等方面与自己的标准有所不同。——大卫－希勒·鲁本（David-Hille Ruben）

> 最近几天许多人在热议一种所谓的"理论"，我认为，真正的哲学家都不会承认这种理论。德里达是哪一种作者？是一个失败的理论家吗？如果不是理论家，那他是什么？——亨利·埃斯金－希尔

> 这个法国人善于伪造意义游移不定的术语，使检测哲学沉思如何变成胡言乱语变得不可能。解构是一种动不动用自己的胡说八道来混淆视听的理论。——彼得·莱侬（Peter Lenon）

还有一些政治上的争议……

这些学说不仅荒谬绝伦,而且危言耸听……会使心灵丧失防御危险的、非理性的意识形态和政体的能力。——大卫·雨果·梅洛教授等,"反德里达传单"

以及阐释的问题。

称德里达的思考是虚无主义,等于说它是可理解的,相当于是奉承它。——巴里·史密斯教授(Prof. Barry Smith),《泰晤士报》

19位学者在致《泰晤士报》的信中总结了他们的申诉。

德里达的学位：事关荣誉之事

……德里达先生自称是哲学家，然而他在哲学以外许多领域的影响力几乎达到令人瞠目结舌的程度。

在哲学家眼里，当然还有在世界各地知名哲学系任教的教师眼里，德里达先生的著作根本没有达到广为接受的明晰和严谨的标准。

德里达先生的作品包含大量巧智的俏皮话和双关语，他似乎想通过将类似于达达主义者或具象诗人的那些小花招、小伎俩转译到学术领域来闯出自己的事业。

许多法国哲学家在德里达先生那里只会感受到无言的尴尬，他的滑稽表演加剧了一种广为流传的印象，即当代法国哲学不过就是一个笑话。

在我们看来，德里达先生虽著作等身，却将学院学者的规范形式延展得面目全非。

首要的是，他的著作使用的写作风格是与理解为敌的。当你努力想要理解它的时候，显见的一点是，但凡无法做出连贯论断的地方，要么虚假，要么是废话。

——巴里·史密斯（编辑、一元论者）及利希滕斯坦国际哲学学院的同人，5月6日（另有18个人的签名）

人们指控德里达混淆视听和心术不正，是江湖骗子。他根本不是哲学家，而是胡言乱语的艺术家。并且奇怪的是，他喋喋不休的搞笑搞怪被认为是对哲学强有力的威胁，是对知识生活的根基的侵蚀。

但也有人为德里达辩护。例如乔纳森·雷（Jonathan Rée）："传统主义者提供的是来自权威的平庸、浅薄的论证。他们拒绝偏离既定体系的可能性：既定的立场也许是对的，但很少是哲学立场。"

5月16日，委员会举行投票，为德里达辩护和支持他的一方以336对204票获胜。德里达获得荣誉学位，但争论仍在继续。

……使用神秘化作为辩护的武器或廉价地显示"深刻"的手段，始终是一种坏的形式。对所有人而言，德里达等人的学术才华、他们的学术风格败坏，败坏的证据在盎格鲁－撒克逊的学术生活中可以看到，在那里，后结构主义和后现代主义已经扎根。

——威尔士大学夏尔佩教授（R.A.Sharpe）

至为关键的是什么？姿态的背后，有两个重要的问题：

哲学的问题

它的边界在哪里？是什么？边界是怎么产生的？如何监管？什么属于哲学"内部"？为了"明晰和严谨"，什么东西被驱逐了？

哲学语言的问题

如何算是真正的哲学文本？它应当采取何种形式？应该使用何种语言？

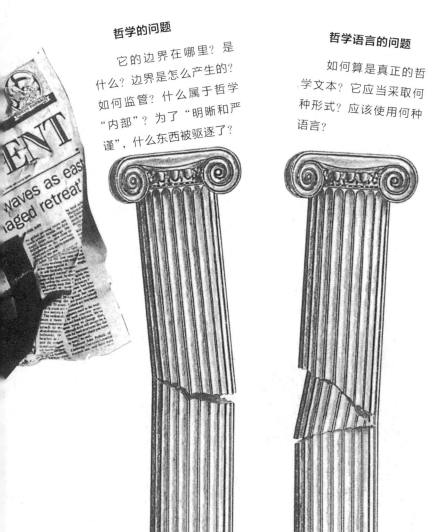

如果阁下想要获得对这些问题的严肃回答，也许可以在雅克·德里达的各类著作中找到一个。

哲学批判

德里达的著作是激进的哲学批判。它质疑"真理"和"知识"的常规观点，挑战"程序"和"表达"的传统观念，并且怀疑哲学的"权威"。

> 哲学首要的是"书写"，因此它严重依赖于它的语言的系统和形式：言语的形态、隐喻，甚至页面版式，如同"文学"那样。

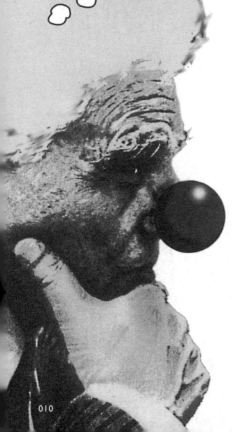

德里达就是以类似"文学"的方式写作"哲学"，这也是引发剑桥大学教授焦虑的一个原因。德里达对哲学的批判质疑了哲学和文学的边界。

德里达也动摇了其他边界。他把自己处理哲学的方式引入艺术、建筑、法律和政治。他介入核裁军、种族主义、种族隔离、女性主义政治、国家认同问题以及其他议题，包括教学建制的权威性。

像一个小丑的所作所为吗？也许，如果你愿意重新思考丑角之事……

"雅克·德里达"

剑桥之争的时候,雅克·德里达的建制凭证已经获得国际认可。

德里达 1930 年出生于阿尔及尔一个小中产阶级的塞法迪犹太人(Sephardic Jewish)家庭。

1952—1956 年,他在巴黎高等师范学院随马克思和黑格尔学者让·伊波利特(Jean Hyppolite)学习哲学。他对现象学的研读很快得到承认,1956 年他成为哈佛大学教授,1962 年获得卡瓦耶斯奖(Prix Cavaillès)。

他先后在索邦大学(1960—1964)和巴黎高等师范学院(1964—1984)教授哲学。1984 年,他成为法国高等社会科学研究院的研究主任。这些都是知名的机构。

令剑桥大佬们不胜惊恐的是,他的观念深受欢迎。到 1980 年代初,"耶鲁解构学派"已经把德里达的名字推向了广泛的英美读者,现在这名字已经是当代国际哲学界最响当当的名字之一。

2004 年 10 月 8 日,德里达于巴黎逝世。

那么雅克·德里达是一个已经定型的人物吗？不完全是。

1957年，德里达准备用胡塞尔的现象学作为博士论文的选题，但最终还是放弃了。

有可能在学术论文的界限内针对哲学的写作发表看法吗？不是必须展示所要论证的东西并因此要写得与众不同吗？如果考官坚持标准的哲学惯例——这正是我想要质疑的——怎么办？

然而，德里达筹划着跟西方哲学、文学和理论发生一系列批判性的相遇。

"哲学"当中，包括德国唯心论（康德和黑格尔）、现象学及其批评者（胡塞尔、海德格尔和列维纳斯），还有柏拉图、卢梭、尼采等人的著作。

"文学"领域的作家当中，有马拉美、雅贝斯（Jabès）、阿尔托（Artaud）、卡夫卡、乔伊斯、布朗肖、蓬热（Ponge）等一众名流。

1965—1972年，德里达和太凯尔小组（菲利普·索莱尔斯、茱莉娅·克里斯蒂娃、罗兰·巴特等）往来密切，一起讨论当代理论，尤其是精神分析学、结构主义和马克思主义。

阅读德里达的著作

德里达的哲学批判不是标准的批判。它不是常规意义上的伏击。

德里达在相互竞争的潮流和传统中没有采纳任何固定的"立场"，他不是简单地"赞成"或"反对"任何一方，他也没有提出任何居高临下的"理论""概念""方法"或自己的"方案"。

因此德里达的写作是无法归纳的。用他自己的术语说，它没有选择和解释任何"基本"概念或方法。不过它一直都在影射广泛的西方思想。它常常做策略性的翻转，不遵循常规的程序：先是开场，然后是展开论述、推进论证，最后得出结论。

剑桥的大佬们是对的，德里达的写作艰涩且可能是颠覆性的。它有着自身的严密性和逻辑，但不是大家熟悉的那种。

那么阅读这种写作该从哪里入手？

病毒式的基质

尽管德里达的写作没有任何可提取的概念或方法,但我们仍可以看一下它的"所作所为",即它已经取得的"效果"。

德里达提供了思考这些效果的方法,按他自己的解释,他的写作有一个基质(matrix),"脱轨交流"(derailed communication)和"不可决断性"(undecidability)是它的两个路径。德里达是从"病毒"的形象获得这两个路径的。

> 我所做的一切都是通过思考病毒而获得的,病毒可以代表许多东西,"沿着两条线索"。

> 1. 病毒传播无序,甚至在生物界,它导致编码和解码的脱轨。

> 2. 病毒不是微生物,它既不是生命体,也不是非生命体,既非活物,亦非死物,沿着这些线索,就可以获得我开始写作以来处理的所有一切的基质。

我们可以先看一下第二条线索:"不可决断性"。

如果说病毒既不是生物体也不是非生物体,那它就具有一种令人难以捉摸的不可决断性。正如我们将看到的,不可决断性是进入哲学的传统基础的一条线索,但它也是可在哲学"外部"比如电影中提取的线索。

不可决断性

丧尸在西方文化中是迟来之物,它的形象出自17世纪海地被奴役的西非人的宗教。两百余年的时间里,西方殖民者描绘的"伏都教"(voodoo)是一种恐怖的嗜血宗教和暴行。

但丧尸是不同的恐怖物种:它有身体,但没有灵魂、心灵、意志或言语,据说它是一种被重新激活的尸体,或者说是一种因为法术而失去灵魂或心灵的活物。

介乎生死之间

1920年代末,丧尸进入西方流行文化。1932年的电影《白色丧尸》为好莱坞提供了基本样式:白色科学遇到黑色法术。

这是一种令人焦虑的相遇。万一西方有关"生"与"死"的理性主义区分无法掌控,该怎么办?

焦虑的形式有许多。丧尸被投射为木偶恋人、城市内部的警察、来自外星球的入侵者、军事探险者、夜间俱乐部的宾客等等。

但不论什么场景,丧尸都有一个基本模式:**是活的也是死的,是死的也是活的**。在一种将活物和死物分开的文化中,丧尸居于两者之间。

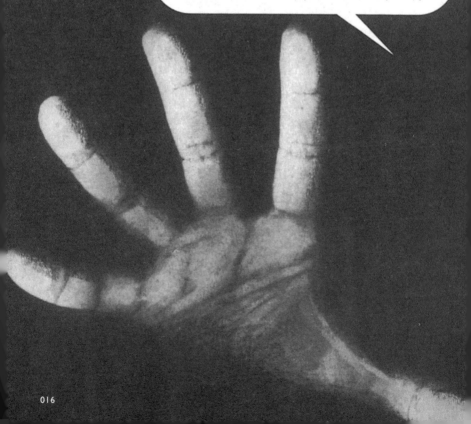

介乎生死之间：这是一个不确定的空间。丧尸"要么"是活的，"要么"是死的。但它跨越了这些范畴：它"既"是活的"又"是死的。同样地，它"既不是"活的"也不是"死的，因为它不可能具有这些概念"充分的"含义。真正的生命必须排除真正的死。丧尸使得常规的区隔逻辑短路了。既具有两种状态，又不是其中任何一种。它属于不同的事物层级：按照生和死的概念，"它无法被确定"。

在好莱坞，丧尸是"我们拒不相信的秘密，即便它是真的"。

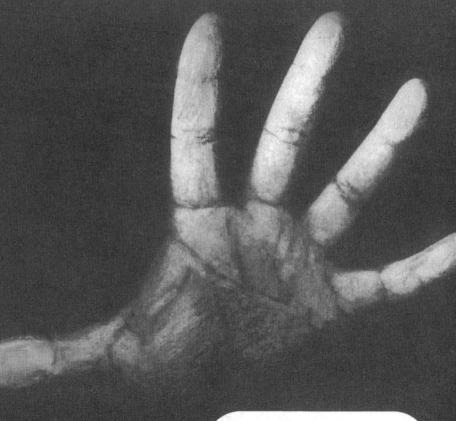

不可决断之物是一种"威胁"，它们毒害了我们寄居的、由可确定的范畴掌控的世界提供给我们的安全感。

对立

"生"和"死"构成了一组二元对立：相反的双方，一方的意义取决于另一方。有许许多多这样的对立，它们全都受到"要么/要么"的区分的掌控。

如果我们接受这种区分，就能用它建立概念秩序。二元对立是对世间的对象、事件和关系的分类和组织。它们使决断得以可能，它们主导着日常生活以及哲学、理论和科学的思维。

高　　低
真　　假
右　　左
西　　东
男　　女
心灵　　肉体
内部　　外部
肯定　　否定
现在　　过去
生　　死

但不可决断之物打断了这一对立逻辑。它们滑行于对立的双方但不属于任何一方。它们是单凭对立无法理解的，因此，它们构成了对"对立"原则的质疑。

不确定性的恐怖

丧尸影片是电影对"生／死"对立走向失败的铭写，它们显示了分类秩序的崩溃，标记了秩序的界限。

像所有不可决断之物一样，丧尸污染了环绕在它周围的各种对立，这些对立"应该"建立稳定、清晰、持久的范畴。

但是，当白色殖民者也能成为黑人权力的丧尸奴隶时，"白／黑""主人／奴隶""文明／野蛮"这些对立会怎么样？如果有时反抗丧尸的工作是白色法术，如基督教、爱的力量或超级道德，"白色科学／黑色法术"的对立还能安然无恙吗？如果丧尸的内在灵魂被抽取，外部力量成为它的内部，"内部／外部"的对立还能安全吗？当丧尸通常被取消性别差异和没有决断权力的时候，将"男人"和"女人"、"善"和"恶"对立起来还有安全保障吗？

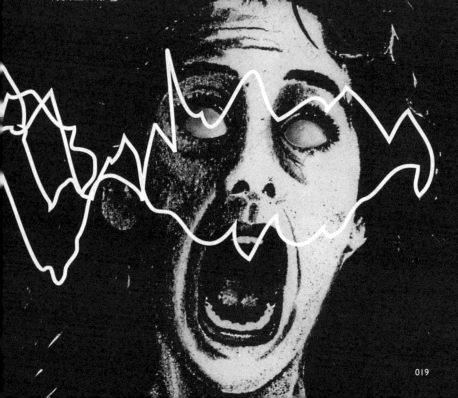

因此丧尸既是迷人的也是恐怖的。它毒害了秩序体系，就像所有不可决断之物，它"应当"返回到秩序。

在丧尸电影中，对秩序的这种返回是艰难的。为了经典的令人满意的结局，制造麻烦的因素必须被移除，也许就是杀死它。但丧尸已然是死的（同时又是活的），丧尸是杀不死的，你只能解决它，必须从理论上"杀掉"它，比如通过移除它的不可决断性。魔法代理或超能力必定要"了解"（decide）丧尸，使其返回到对立双方的某一方。它必须成为真正的尸体或真正的活物。

这个时刻，生与死这一对熟悉的概念会再次统治秩序，不受干扰。这就是概念秩序的恢复。

还有其他结局，尽管不是最终的。丧尸可能是不可根除的，它们会返回。也许不可决断性永远与我们同在，即便不以丧尸的形象出现，也会有其他形式：幽灵、傀儡或吸血鬼，它们也都介乎生死之间，还有介乎男女之间的阴阳人，介乎人机之间的机器人，介乎朋友和敌人之间的外星人……

柏拉图对哲学的奠基

德里达认为,不可决断性是西方哲学的组成部分,不过是哲学拒绝承认的部分,或者说它不再是我们已知的那种"哲学"。(它是"我们拒不相信的真理"……)

德里达甚至在西方传统的奠基性文本比如柏拉图(公元前427—前347)的文本中来探测不可决断性的游戏。柏拉图是苏格拉底的学生、雅典学园的创立者,研究伦理、政治、法律和形而上学的学者,他是西方哲学的奠基人,对后来的思想产生了广泛的影响。

在我看来,苏格拉底的理性是通向知识唯一的、真正的路径。

柏拉图把对理性和真理的爱同假智慧的所有承包商加以对比,比如智者和修辞学家,他们用说服性的语言游戏欺骗那些菜鸟;再比如诗人、神话学家和讲故事的作家,他们只是模仿自然,或者"重复但又一无所知",而真正的哲学是理性的积极运用。

那么,德里达怎么阅读柏拉图呢?

柏拉图的药

在《柏拉图的药》(1969)中,德里达聚焦于《斐德若篇》。后者虚构了两个历史人物,即苏格拉底和受修辞学家影响的雅典年轻人斐德若之间的对话,主题是爱人如性伙伴和非爱人如思想家的相关德行,也可以说是修辞和哲学(或言语和文字)的相关德行。

我关心的是言语和文字。我要考察不着一字的苏格拉底说服斐德若相信言语优越于文字的最后那个段落。

文字合适吗？作者损害了某个值得敬重的角色吗？那个角色对写作恰当吗？当然不。但苏格拉底没有使用理性论证。神话发起了最初的一击。

说到言语，你知道最让神喜悦的是什么吗？

不，我不知道。你知道？

好吧，我可以把从祖上传下来的故事告诉你……

他们说，在埃及的瑙克拉提斯，住着这个国家的一位古老神祇，一个发明家，这个神的名字叫塞乌斯（Theuth）。

他发明了数字、算术、几何和天文学，还有跳棋和骰子的游戏，尤其重要的是……

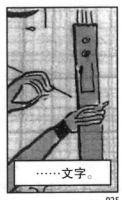

……文字。

在那个时候,上埃及伟大的国王是萨穆斯(Thamus),希腊人称作阿蒙(Ammon)。塞乌斯来觐见萨穆斯,展示了自己的发明,说应该将它们传授给所有埃及人……

还说如果国王不支持,他的发明就没有任何价值。

萨穆斯对每种技艺都一一研究了一番,对其中一些大加赞赏,对另一些则加以指责。要将它们一样样都说出来,需要太长时间,但说到**文字**的时候……

[塞乌斯说]陛下,这个学问可以使埃及人变得更聪明,改善他们的记忆力,因为我发明了一味针对记忆和智慧的**药**。

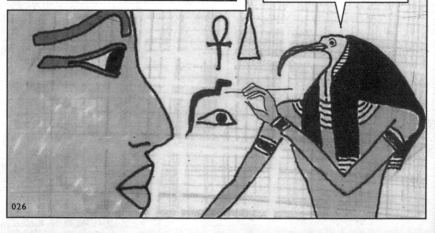

药（pharmakon）是一个希腊词，可译为"魔水"，也可以译为"药方""收据""特效""治愈""治疗"。但是，就像德里达指出的，"pharmakon"是一个意义特别含混的词。

在希腊文中，"pharmakon"既指治愈，也指毒药。就像英语的"drug"，好坏兼备。有些翻译遮蔽了这个词的含义，只取其中一个含义。但"pharmakon"是"不可决断之物"，既有治愈的意思，也有毒药的意思。

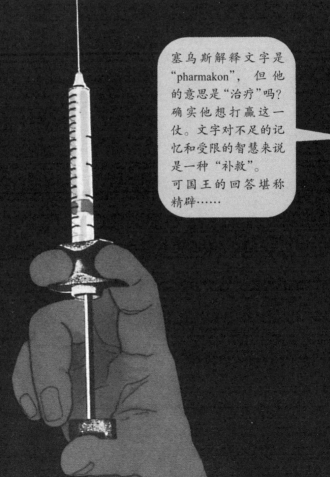

塞乌斯解释文字是"pharmakon"，但他的意思是"治疗"吗？确实他想打赢这一仗。文字对不足的记忆和受限的智慧来说是一种"补救"。
可国王的回答堪称精辟……

你的底比斯人说得很对,我承认。

就像画像,文字是"无生命的"。当你问它一个问题的时候,它不能回复。在那些能理解它的人那里,在对它没有兴趣的人那里,文字蹦来蹦去到处流传。

文字受到指责:因为真正的记忆会因它而衰退,真正的教育会败坏,虚假的知识会取代真正的智慧。文字是无生命的、孤立的和毫无裨益的。

它不知道该对谁说什么样的话,如果受到不公平的滥用,它总是需要它的父亲来援救。因为它完全没有办法自救,完全无力保护自己。

但是塞乌斯将它说成是一种"pharmakon",萨穆斯以其王中王和神中神的权威转而给它指认了一种"确定的"品质:**文字是毒药!**

药物治疗

文字作为不可确定之物转而被付诸"确定性",德里达想要让它维持在嬉戏的状态。

他表明,柏拉图的论证整体依赖于一组简单明确的对立:

善 / 恶

内部 / 外部

真 / 假

本质 / 现象

生 / 死

柏拉图把这些对立加入对文字的界定:言语是"善"的,文字是"恶"的;真正的记忆是"内在的",文字提示是"外在的";言语带有知识的"本质",文字是它的"现象";言语符号是"活生生的",文字标记是"无生命的"。

尽管人们开始认识到是"pharmakon"这样的东西控制着这些二元对立,但还是不得不屈从于奇异的歪曲,再也不能简单地称之为"逻辑"。

在德里达看来，文字的特征不能用这些对立来确定，它打乱了对立，它嬉戏于善恶之间、治愈和伤害之间。既非单纯的治愈，也不是单纯的毒药。文字的特征依存于"内部"记忆，但也离不开"外部"。"活生生的"言语分享"僵死的"文字的特征。文字拒绝作为"真正"知识的单纯"表象"而寄人篱下。

甚至柏拉图也未能免俗。他求助于文字的隐喻去描述"真正的"知识和"内在的"记忆。

> 唯一值得严肃关注的言语就是为了学问而被传授和被言说的言语，并且实际上是**写在心灵中的**。

> 文字作为**药**不能固持于柏拉图的对立范围内，药没有恰当的或确定的特征。它是可能性的游戏，在对立双方的内外来回运动。

031

增补

一旦"药"的反常规逻辑获得解放,就会成为在它周围形成的其他对立双方的稳定性和明确性的毒药。例如,柏拉图的论证就是依靠父/子、埃及的/希腊的、源头/变体这样的对立双方,但我们能相信这些对立吗?

在德里达这里,这些对立双方开始于分离。他求助于埃及的"源头"神话,托特(Thoth)和阿蒙王是其中的两个人物,托特是太阳王阿蒙的儿子。

德里达引入"增补"一词。托特是阿蒙的增补。法语词"supplément"既有增加的意思,也有替代的意思。增补既是扩展,也是取代,就像一份菜单,增补既是菜单的增加,也是菜单的一部分。

增补遵循一种奇怪的逻辑。

所谓添加,就是被加入某个已然完整的东西……

……然而,如果说某个东西需要添补,就说明它原本就不完整。国王是完整的,但又有一个添加;需要一个添加,国王还不够完整。

增补是通过重复来扩展。国王的儿子来自同一血统,是国王的扩展。但增补也是通过替代来形成对立。国王的儿子将取王的位置而代之。

"国王驾崩,吾王万岁!"这个宣示逃脱了标准逻辑的约束。如果按照增补的逻辑,王在此既"同一"但又有"差异":他出现了两次,作为父王和作为增补的王。

因此托特与他的父王是对立的,但他又是对方的重复。他自相对立。**托特,这个半神,是不可决断的。**塞乌斯也是如此,他的希腊对体……

皇牌

"因而塞乌斯既是父亲的他者，也是父亲和他自己。在这个游戏中他无法被指定到一个确定的位置。他是诡异的、滑动的和面具化的，是一个密谋者、一张扑克牌：既不是王（king）也不是卫士（jack），而是'皇牌'（Joker），一个漂浮的能指，一张让游戏继续下去的百搭牌（wild card）。"并且这张皇牌是游戏的发明者：跳棋、掷骰子等。

他的一切行为都带有不确定的含混性标记。他是计算之神、算术和理性科学之神，他也是神秘科学、占星学和炼金术的主导者。他是巫术理论、神秘论述和隐秘文本的神，也是医学之神。文字之神即是"医药"（pharmakon）之神……

那么塞乌斯仅仅意味着文字是"药"吗？不确定的半神不是不可决断之物的发明者吗？不仅是药，而且是"pharmakons"（毒药）吗？德里达问道："塞乌斯对文字的欲望不就是对无父无母和杀人谋反的欲望吗？这个'pharmakon'不就是犯罪的毒药、有毒的礼物吗？"

巫师和替罪羊

柏拉图尝试将父/子、源头/变体的关系固定下来,这其实也是想把"哲学"固定下来。但哲学对不可决断之物无法提供有效的救治,德里达采用相关词语来说明这一点。

Pharmakeus:巫师或魔法师。这是苏格拉底的指控者或敌人对他的描述。苏格拉底是用魔法征服他人吗?哲学内部不可决断之物的魔法是哲学方法无可逃避的一部分吗?

Pharmakos:这个词的意思是"替罪羊"。它是存在于城市内部的一种恶,必须被清理以维护城市纯洁。替罪羊必定存在于内部,但也必定属于外部。它是不可决断之物。文字也是不可决断之物。

哲学之"pharmakos":存在于哲学内部(如柏拉图写作的哲学),但必须被清理(如柏拉图对文字的指责)。哲学反对自身。

"内部/外部"的二分为我们确保秩序。根据这一保证,柏拉图告诉我们什么是恰当的哲学"内部"。德里达的策略就是松动那一秩序。

这不是常规的哲学程序。我们期待的是出现对柏拉图的确证或驳斥：一种明确的同意或不同意。或者期待提供"真正的"或"正确的"意义，再或者期待对柏拉图的"主要概念"给出某种解释。

这样的阅读只是复制柏拉图的逻辑：试图把握不可决断性。

德里达不是站在柏拉图论证的对立面，赞成它或修正它，他强调的是后者的不稳定性。论证的每个转折点，就是论证自身无法充分把握的不可决断性的寄居点。

要理解柏拉图，就像上面已经勾勒的，就要离开已被承认的评论模式，不论它们是要证实还是要反驳，是要确证还是要推翻，或是要返回柏拉图。

这难道不是语词的游戏吗？同它们的位置和意义的游戏，更像文学批评或比较神话学之类的东西？

德里达与其说是在解释柏拉图的文本，不如说是在"松动"它。他把它的不可决断之物置于不可能的运动中。

从常规的柏拉图评论家的角度说，德里达的操作似乎很容易受到剑桥教授们的指控：哲学上无关紧要，缺乏严谨，是有害的，等等。

德里达的文本根本不重要，甚至都算不上真正的哲学。

德里达离开了严肃的哲学追求，故意与之背道而驰。它不过是语言转向中的文学-诗学游戏。

言语与文字

德里达的策略对哲学"重要"吗?它完全站在哲学的对立面。它的目的就是"离题"(miss the point),把柏拉图的文本拉到哲学的"外部",让柏拉图的思想"多余化"。

但德里达直面了言语对文字的优先性这一论题。一个次要的议题吗?在德里达看来,将言语设定为文字的主导者是西方哲学基础假设的关键。

果真如此,动摇了言语的优先性,也就动摇了西方哲学的基础。

这是一个宏大的宣告。首先,它说得有道理吗?哲学家赋予言语优先性了吗?

语音中心主义

德里达强调,西方哲学两千多年,从柏拉图、亚里士多德到卢梭、黑格尔、胡塞尔等,哲学家确实赋予了语言优先性。

他们都说了些啥?

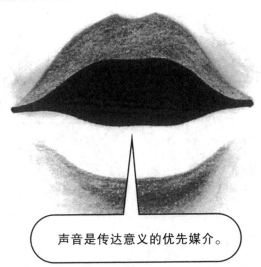

声音是传达意义的优先媒介。

这是"语音中心主义"(phonocentrism):声音是中心,文字是派生物……

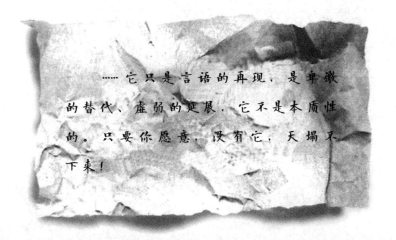

……它只是言语的再现,是卑微的替代、虚弱的延展。它不是本质性的。只要你愿意,没有它,天塌不下来!

如果声音是王,文字就是它的"敌人"。文字是意义的真正承载者的致命威胁。

如果说文字是言语的再现,那言语就是"思想"、主导观念、理念化、意识本身的表征。

在**思想—言语—文字**的链条中,言语离思想更近。

口语是内心经验的象征,书写文字是口语的象征。

语言是为言说准备的。文字仅仅是作为言语的增补而发挥作用。

只有口语是语言学研究的对象。文字则是一个陷阱。它的行为是有害的和暴虐的。它所有的作为都是魔鬼式的。语言学应该在特定科目中考察它们。

亚里士多德(公元前384—前322),柏拉图的学生,基督教和伊斯兰哲学的重要源头。

让-雅克·卢梭(1712—1778),自然哲学家,浪漫主义的先驱。

费迪南·德·索绪尔(1857—1913),瑞士语言学家,结构主义和符号学的先驱。

文字无用且危险吗?

　　这不是对西方文字产生的社会史做简单的化约。若"不是"记录、书本和文字,我们能够想象资本主义经济、基督教会的权力、政治制度、军事结构、法律、教育、艺术吗?文字修养是阶级教育的标志,是书写的、可读的东西——而非可言说的和可听见的东西——的守护者。

　　西方的历史不是事实上赋予了"文字"以特权吗?

　　哲学家一定错了。他们犯了本可避免的错误吗?

有些论证"是"站在他们一边的。时常言语被赋予了奇异的优先性……

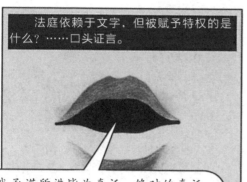

法庭依赖于文字,但被赋予特权的是什么?……口头证言。

我承诺所讲皆为真话,绝对的真话,且只有真话。

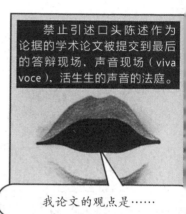

禁止引述口头陈述作为论据的学术论文被提交到最后的答辩现场,声音现场(viva voce),活生生的声音的法庭。

我论文的观点是……

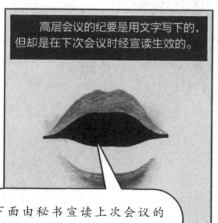

高层会议的纪要是用文字写下的,但却是在下次会议时经宣读生效的。

下面由秘书宣读上次会议的纪要。

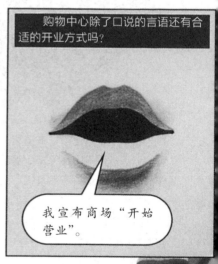

购物中心除了口说的言语还有合适的开业方式吗?

我宣布商场"开始营业"。

但这并不是德里达的论证方式。首先,悖论的是,语音中心主义是一部"沉默史",是很少被承认的对文字的压抑。

其次,对文字的压抑是西方哲学所**必需**的,所有的思维都受到这一点的影响。它对哲学的形而上假设至为关键。

形而上学和逻各斯中心主义

> 形而上学?烧掉它。除了诡辩和幻觉,它什么都不是。

形而上学探求超越于经验之上的、科学方法难以企及的世界的现实。它的问题看起来像是哲学问题:本质性的真理、存在和认知、心灵、在场、时间和空间、因果、自由意志、对上帝的信仰、人的不朽等。

存在这样的问题吗?经验主义哲学家如大卫·休谟(1711—1776)以及许多实证主义者、科学的自然主义者、怀疑论者都说不存在。

但问题还在继续。为了提出和回答它们,西方形而上学一直在寻找基础:基础、原理或中心观点。这些是它所探求和陈述的所有一切的基础。

* "Logos"(希腊语)的意思是逻辑、理性、言语、上帝。

这是追求在某个独特的终极点——终极的"源头"——为真理奠定基础。德里达称这一冲动是"逻各斯中心主义"(Logocentrism)。

"逻各斯"*被视为不可分的点、源头。形而上学把"真理",还有一般性的真理源头归于逻各斯。

形而上学之寻找基础就是逻各斯中心主义。

真理

基础如何确立?

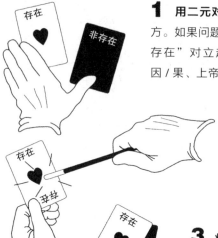

1 用二元对立:将关键词的反面设定为对立方。如果问题是"存在",就将"存在"和"非存在"对立起来。在场/缺席、心灵/肉体、因/果、上帝/人,如此等等。

2 将第一项置于优先地位:将它设定为"基础"项、肯定项,赋予它优先性。将优先项设定为基础、原则或中心,让它处在逻各斯的一方。

3 将第二项设定为从属项:它必定是否定性的,否则第一项不可能是肯定性的。它必定是有欠缺的、匮乏的、朽坏的或派生的。它与逻各斯相对立,是逻各斯的敌人。它稀释真理之真理,削弱真理,遮蔽真理。

4 建立程序:总是从第一项朝第二项运动……

> 所有形而上学都是从一个源头开始,源头是简单的、完整的、规范的、纯粹的、标准的、自身同一的……然后发展到偶然、派生、复杂、退化。因此,善先于恶,肯定先于否定,纯粹先于不纯粹,简单先于复杂,等等。这不是某一种形而上学的姿态,而是形而上学的常态,最持久、最深刻、最强有力的程序。

德里达与形而上学

德里达的任务就是动摇形而上学思维——破坏它的基础,卸除它的确定性,搁置它对不可分的源头即逻各斯的寻求。

这是一个重要的任务。德里达证明说,形而上学"弥漫"于西方思想,一定意义上,它就是西方思想。可以逃脱它吗?曾有人逃脱吗?

> 我有几位同盟者,尤其尼采和海德格尔,也许还包括弗洛伊德、索绪尔等。但甚至在我读过的这些人当中,对形而上学的假定仍残留有某种依赖。

那么这个任务可能吗?如果形而上学如此普遍,德里达自己的思维不是也要依存于它吗?是的——不可避免。那这个任务不可能吗?德里达从没有说他做的是可能的,他知道没有批判可以彻底摆脱它所批评的东西。然而,操作还是可以做……

颠倒

"颠倒"(overturn)形而上学的二元主义,颠倒它的等级制,赋予第二项以优先性,这终归是可能的。例如,让身体或人处在优先地位,而不是心灵或上帝,让复杂性先于简单,缺席先于在场。德里达就是这么做的。但是……

要动摇二元主义和置换二元对立本身,就需要某个"差异性"的工作方式。

存在
?
非存在

置换

不可决断性破坏了形而上思维的二元结构。它"置换"(displace)二元对立的"要么/要么"结构。不可决断之物的游戏花样迭出,四面出击,从不站在任何一方。它不会止息,不会留下优先的基础项的确定性来对比从属的第二项。对这一确定性的松动就是对形而上学的松动。

德里达的哲学被称为反基础主义。这么说部分有用。但德里达不仅仅是"反对"基础,他知道基础是不可逃避的。然而,形而上学的基础仍是可动摇的。这就是他要做的。他采用"召集"(sollicitation,这个法语词源于拉丁词"sollicitare",意即一举撼动)运作,撼动核心,动摇整个结构。

在场形而上学

形而上学的二元对立依赖于"在场"(presence)假设。

二元项中优先的第一项"充分地"在场,它的从属是缺席项,或中介化的、退化的在场。

"在场"这个词源自德国现象学家马丁·海德格尔(1889—1976)。德里达吸收海德格尔的论述,认为西方对"存在之意义"的思考一般是由最充分意义上的"在场"决定的。

> 对"存在"问题的思考使我走向了对传统形而上学的拒绝。

在场可以是**空间性的**:例如近似、接近或毗邻;也可以是直接的——有实际的或直接的联系,缺乏中介,没有介入的材料、对象或代理。

> 我的意图是把人通过这些词理解的东西变成一个谜。

还有它也可以是**时间性的**:它将在场设想为独特的当下时刻,"现在",无延搁、失误或延宕的出现。

在场组织形而上学的存在概念，并且形而上学的所有"基础"项都标记为在场。德里达的例子……

——对象的视觉在场；

——实体、本质或存在的在场；

——时间性的在场，如"现在"或瞬间；

——思想或意识的自行在场；

——主体的当下存在；

——自我和他人的共同在场。

在场的运作贯穿于西方哲学——经验主义、唯心论、唯理论、实在论等。精神分析学、现象学和结构主义也未能幸免。

在场是许多主张的基础，不论是不是哲学的：

● 真理在现象背后（因此是邻近的）。

● "上帝的言语"和真理之间有某种间接的联系。

● "时代精神"预示了一个历史时代，因此在时代内部在场。

● 一张照片可以捕捉到"有意义的时刻"，即现在。

● 艺术家表达的情感在作品中在场。

在场与言语

那么,为什么言语/文字的对立如此重要?为什么言语的优先性是"奠定"西方哲学的一种姿态?如果说哲学如我们所知是文字,那为什么视文字是破坏性的,是障碍或者无关紧要的?

> 因为这是**在场**形而上学的必然性。

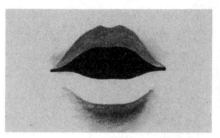

从那个角度看……

言语似乎天然地充分在场,形而上学的存在概念在时间和空间中需要在场。

文字依赖于缺席,它的特征与在场相反,形而上思维必须驱逐它或让它处于从属位置。

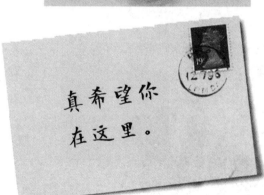

在言语中,言说者和听者必须至少在两个意义上在场:

1. 空间意义上的言语在场。

2. 发出言语的特殊时刻即时间意义上的在场。

因此,言说者的"思想"看起来与其"言辞"是最为接近的。思想在言辞中在场。因此言语提供了最直接的意识通道。声音看起来就"是"意识本身。

"我说话的时候,意识到我之所思是在场的,而且意识到某个意指性的实体、伴随呼吸发出的某个声音与我的思想保持着最紧密的联系……在我发出言语的那个时刻,我也听到了,这似乎仅仅依赖于我纯粹的和自由的自发性,不需要假借任何工具,不需要通道,不需要从世界汲取力量。这个意指性的实体,这个声音,与我的思想似乎是统一的……以至于声音似乎擦除了自己,成为透明的……让概念如其所是地呈现为在场,且仅仅指涉它的在场。"

言语是透明的,是轻薄的面纱,透过它可以看到意识。

言语和思想——两者之间毫无挂碍。没有时间的差错,没有表面,没有鸿沟。

因此在场与口说的言辞迷人地相生相依……

而文字不能。

文字是对缺席的操作，就像德里达暗示的，它不需要**作者**或作者的意识的在场。

"书写的记号被抛弃，与作者脱节，然而它们继续生产效果而无须作者在场，无须作者意图的在场现实性，比如无须他的生命在场。"

"写作就是生产一些记号，记号构成一种机器，并转而成为生产性的……作者的消失并不会妨碍它的功能。"

并且对**读者**而言也是如此。

"所有的写作，为了成为所是，就必须在每一经验地决定的一般收件人的根本性缺席中也能发挥功能……这不是在场的修改版，而是在场的裂口，是收件人的'死亡'或收件人'死亡'的可能性。"

文字不能书写，除非能在这两种缺席中发挥功能。

在场是不可持续的。

对文字的压抑

文字的排列是距离、延宕、晦涩和含混。还有死亡——"僵死的"意义,而非在场言说者的活生生的意义。"书写的言语,在毫无保护的悲惨状态下",必定"因为其本质性的漂移而成为可抛弃的"。

因此我们现在可以理解悖论性的语音中心主义的"沉默史"了,那就是对文字的压抑很少被承认。

而且可以解释德里达自己的写作令人困扰的策略,或者说它的"困难"了。

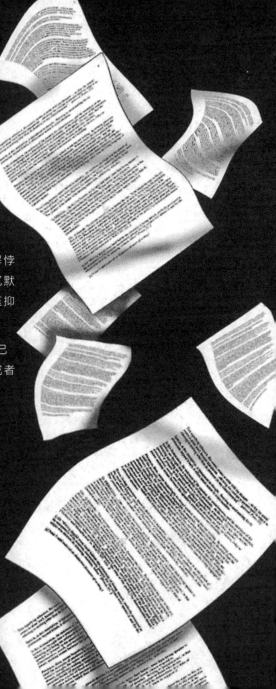

1960 年代的代表人物

> 这是戴高乐主义的共和国最安定的时期。

现象学与结构主义

德里达挑选的"言语/文字"的问题涉及法国思想中两个主要的潮流:现象学和结构主义。

现象学和结构主义是互不兼容的竞争者——这是那时流行的观点。不妨看一下这两个竞争者。

首先，何谓"现象学"？现象学是一种"意识哲学"：知识和科学都无法把握意识的基本性质，为此，哲学必须处理"现象"——表象以及我们对表象的意识。这种意识不能通过理性证据和科学数据来把握，而是需要"直观"，即对意识本身的内在结构的直接认识。

重要的现象学家

埃德蒙德·胡塞尔（1859—1938）：受哲学诱惑的数学家，第一位现象学家，现象学基本原理的奠定者，1901—1916年在哥廷根、1916—1928年在弗莱堡任教，且影响极大，1929年曾到巴黎索邦大学做访问教授。

马丁·海德格尔（1889—1976）：胡塞尔的学生，也是胡塞尔出任的弗莱堡哲学学会主席的继任者。

莫里斯·梅洛-庞蒂（1908—1961）：法国哲学家，1930年代深受胡塞尔影响。

> 但是要想描述世界的基本经验，就必须关注身体，关注经验的含混性，为此我和……一起创办了一个存在主义的杂志：《现代》。

> 在我看来，现象学不是研究意识的工具，而是重新审视核心的本体论问题，如人在世界中存在的方式和存在本身的手段。

让-保罗·萨特（1905—1980）：1933—1934年狂热地研究胡塞尔的著作，通过萨特，现象学成为1940、1950年代哲学弄儿即存在主义的核心平台。

> 现象学还原可揭示意识的本质要素。

那么何为"结构主义"？它是对作为"结构"的人类语言、文化和社会的研究。结构的构成要素相互"关联"，因此要分析烹饪（或经济、亲属关系制度、时尚等），就得考察其构成要素的差异、交换和替换关系。结构主义的根本的模式是语言，文化和社会结构是像语言结构一样运作的。

重要的结构主义者

费迪南·德·索绪尔：瑞士语言学家，结构主义的鼻祖，他的遗著《普通语言学教程》（1916）讨论了以言语为基础的意指行为。

罗曼·雅各布森（1896—1982）："布拉格小组"的俄裔语言学家，索绪尔的第一位重要的拥趸。

> 我采用索绪尔的语言和符号概念来对弗洛伊德进行激进的重读。无意识是像语言一样被结构的。

路易·阿尔都塞（1918—1990）：哲学家和政治理论家，结构主义者，马克思的解读者。

雅克·拉康（1901—1981）：精神分析学家。

> 1942年我把结构语言学带到了美国，在那里我遇到了……

> 而且我也指出，语言结构是符号学的基础，后者是对符号的一般科学研究。

克劳德·列维-斯特劳斯（1908—2009）：人类学家，对文化进行结构研究，写过有关亲属关系、神话、礼物交换等方面的著作。

> 资本主义社会是互动结构，而不是经济基础的表现或反映。

罗兰·巴特（1915—1980）：文学批评家和文化理论家。

> 1949年我回到法国后，成为1950、1960年代结构主义的中心人物。

> 1956年我读到索绪尔的《教程》，并运用它的概念讨论文学、时尚、广告图像、照片等。

现象学和结构主义之间似乎有着不可调和的差异。

两者的**谋划**完全不同。现象学是有关内在意识的哲学，结构主义是有关语言和文化的关系理论。

两者使用的"意义"概念的含义也不同。

一个认为意义根本上产生于内在意识。

一个认为意义产生于语言单位间的关系。

但德里达的目标根本不是要**解决**这些差异。

> 如果说两种思潮依赖于形而上学的假设，那它们就远不是单纯的差异问题。因此我使用两者的某些方面去动摇两者的基础……

先从现象学开始。我们能在胡塞尔想要的层面上坚持纯粹意识的可能性吗？德里达证明说，这种可能性根本上被排除了……

纯粹现象学恰当的观念

在对意识基础的寻求中，胡塞尔必须排除一切局部的或偶然的东西。任何属于特殊个体或情境的东西都是个体心理学的事。心灵的基本结构必须是普遍的、先验的。

他的策略是——

现象学还原： 通过悬置其他一切来分离出基本方面。严密的和严谨的排斥将产生出本质意识。

还原语言…… 或至少还原语言与纯粹意识不合的方面。悬置语言的"外部"方面，如它所有的机制、形式、实体、声音和记号。

视意义为"内部"： 这是孤立的心灵生活的产物。不需要外部，基本意义只能是意识与自身交流的问题。

啊，这是意义对自身的在场。在心灵的普遍结构的奠基中，在场的形而上学和整个大厦必须依赖于形而上学的二元对立，如内/外……

在胡塞尔看来，有思考思想和语言之间关系的方式吗？是的，是由二元对立和等级制主导的关系。

二元对立：两种符号

1. 表达性的

2. 暗示性的

等级制：

表达性符号是有意义的恰当的符号，因为它具有一种意向力，一种指谓的"意向"。

暗示性符号可以意指，但缺乏那种活生生的意向。

暗示性符号的例子：

自然发生的符号：落叶可能意指着"秋天来了"。但叶子并不具有这种含义。

数学符号在算术、几何中可作为意指使用，但它们不需要行动的、流动的、语义的意向。

> 在胡塞尔看来，这是一种"卑下的、危险的和充满危机的象征化"，但它不会阻碍数学符号的运用……

2+2=4

那么表达性符号呢?

如果活生生的意向要激活表达性的符号,就需要其活生生的生产者在场。那么,表达性符号的优先形式是什么?言说的声音,优越于其他形式,因为它似乎对沉默的内在意识在场(接近、直接)。胡塞尔重申了语音中心主义的优先性。

> 在胡塞尔看来,所谓自我表达,就是躲在符号背后……去关注某人的言语,去辅助它。只有活生生的言语,才能凭借其主导性和裁决权,去辅助自身;只有活生生的言语是表达而非服务性的符号……

那么,语言的外部支持,如记号、声音等,它们与当下的意图是分离的,它们能独立地发挥作用吗?在德里达看来,这些外部要素总是必要的,且总是寄存于内部。

与索绪尔结构主义语言理论的遭遇是不可避免的。

索绪尔语言学

索绪尔与以前的语言学研究决裂,后者主要追踪声音和言辞的历史演进,而索绪尔聚焦于语言如何工作,而非如何发展。

可以**共时地**看待语言,例如,仿佛它就处在某个时刻,可将其看作一个结构或体系,一套在相互关系中得到定位的要素。

在结构语言学中,正是那些要素和关系的游戏产生意义。在索绪尔看来,这主要以两种方式发生。

首先,意义是在符号作为两面的构成中产生的。

其次,意义也是在差异性的游戏中产生的。

很好，我们看看这两个概念：符号和差异。

"符号"有两个方面：

能指：在索绪尔看来，这是感官知觉（口语中我们能够听到的声音，书写文字中我们能够看到的形象）。

所指：与感官知觉相关的概念或意义。

一个符号，作为符号需要两个方面：我们**感知**到的方面和我们**思想**到的方面，两者之间有一种关系……

这一关系根本不是新的。它在西方的语言思考中早有言及。符号有两个方面，一个是**感知性**的，另一个是**认知性**的，柏拉图在《克拉底鲁篇》中已经提出这一观点，斯多葛派将其规范化，然后通过基督教早期思想家等传到现代语言学。

符号可让心灵在感官感知到的实体之外想起别的某个东西。

每个符号的构成记号一般来说都有双重特征。它是二分的，有两个方面：一个是感知性的；另一个是认知性的。

圣奥古斯丁（354—430）

罗曼·雅各布森（1896—1982）

在德里达看来，这是可疑的。符号以二分为前提，这看起来像是西方思维中的一个基本概念。

"能指和所指之间的差异无疑是柏拉图主义用来建构哲学的主导范式。……"

但索绪尔的符号可用于批判现象学，尤其是他强调能指和所指密不可分，每一方都需要另一方，双方不可能独立存在。索绪尔调用了两个隐喻。能指和所指就像**身体和心灵**，或一张纸的**正面和反面**。索绪尔在两个隐喻中选择他更偏爱的纸的隐喻，说明它的两面根本上是不可分离的。

> 能指和所指之间那个不可见的、几乎非存在的、薄薄的"页面"——意指的隐喻，我们要记住，因为那个带有正面……

……和反面的页面首先是作为表面和文字的支撑出现。

如果索绪尔说的是对的，我们就不能认为概念或意义可以独立于能指存在。概念需要其物质性的声音、书写的记号等。尽管我们可以想象"我们大脑里面"的词汇，但我们必须调用它们的能指或感觉性的方面。它们的外部形式污染了纯粹内部的理想性。

因此，在德里达看来，这与西方形而上学压抑能指的经典做法相抵触。所指是基础项。能指呢？是非本质的。它是一种障碍，它破坏概念。

至于胡塞尔：清除能指，就可以获得纯粹的思想——"先验的所指"。这一清除最完整的地方在哪里？在言说的声音中，能指将消融在所表达的意识的压力下。

但索绪尔也落入了这一语音中心主义。什么东西可以用来"置换"符号？

德里达使用了索绪尔的"差异"概念。

意义只能在能指和所指的连接中产生。它需要差异的运作。按照索绪尔的观点，这一工作是怎么进行的呢？

索绪尔回到了他的"纸张"隐喻。

如果把纸张剪成不同的形状，一种形状可以通过其与另一种形状的差异获得界定。这个形状在与其他形状的比照中获得同一性——它获得了某种"价值"。

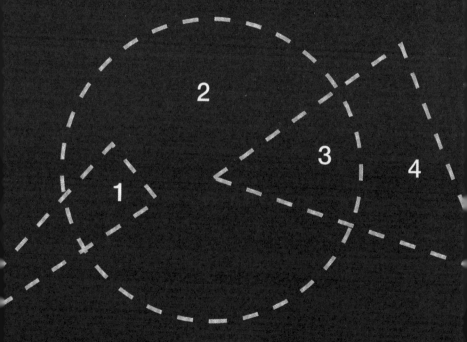

在纸张的剪裁中，正面和反面必须同时被切分，"能指"的不同形状……

……构成了"所指"的不同形状。能指和"概念"在差异性的体系中被创造出来。

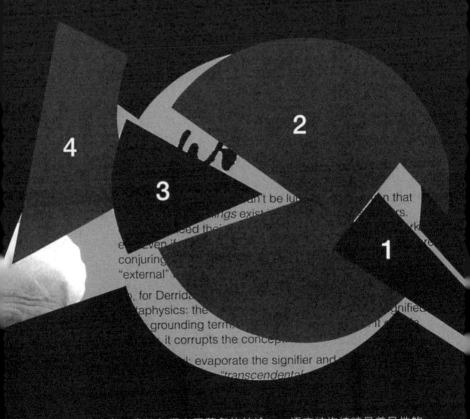

由此出发，索绪尔得出了著名的结论——语言结构纯粹是差异性的："不论我们是考虑所指还是能指，语言的观念和声音都不可能在语言系统之前存在，从体系中产生的只有概念和语音差异。"

意义不再是简单的能指／所指的相关性。一切都有赖于差异。

在语言的声音层面,我们在"big"中可以用发音 /p/ 替换发音 /b/。

声音本身不意指任何东西,但我们可以说出它们之间的差异。差异使得一个与众不同的意义得以产生——概念:猪。

以此类推,通过其他可以差异化的声音和概念,可以得出:

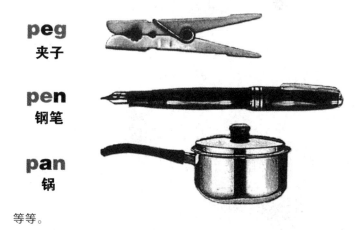

等等。

在德里达看来,这就是在场问题……

当"big"在口语中传播的时候,究竟发生了什么?准确的发音应当是 /b/,而不是 /p/。我们听不到 /p/,同时言说者也不可能说 /p/。我们可以说它缺席。但另一方面,/p/ 不仅仅是缺席。"big"要想可以被辨认和有意义,就得依赖它,并依赖它与其他所有发音的差异。没有 /p/ 和其他发音,"big"就不会被人想起来。因此 /p/ 以某种方式在场,尽管不只是如此。它在 /b/ 中作为"踪迹"而存在,它在必要的缺席中必定在场。

踪迹

德里达的"踪迹"是什么意思?既非单纯的在场,亦非单纯的缺席,踪迹是不可决断之物。差异("pig""big""bag""rag""rat"等)的延展有赖于结构的不可决断,有赖于意义源头中在场和缺席的游戏。不可决断性位于"源头",介乎在场和缺席"之间"。

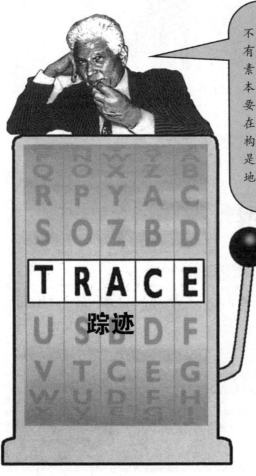

不论文字的还是口语的,没有要素之间的相互关联,要素就不可能发挥功能,要素本身不是单纯的在场。每个要素都是在踪迹的基础上,在体系的其他要素的踪迹中构成的。没有什么——不论是要素还是体系——在任何地方只是单纯的在场或缺席。

因此德里达将踪迹置于索绪尔的符号中——在意义源头中在场-缺席的不可决断性。语言的前提是此和非此之间相互交织的运动。语言总是相互交织,是一种织体。

德里达的踪迹概念有什么意义?

首先,它表明所有语言都有不可决断性的可能。

踪迹的游戏是一种变形、重新塑形的滑行——这是语言无法逃避的一种内在的不稳定性。

这一点亦可运用到哲学语言。形而上学的语汇(存在、真理、中心、起源等)都需要被确认为语汇。它是一组语词,它们无法逃脱踪迹的游戏。

因此,如果踪迹是在场和缺席之间持续的滑行,那些哲学语词就无法确立充分的、充实的在场。

这对西方形而上学的根基是一个打击,因为它宣称自身是充分在场,是形而上概念和程序的支撑。

真理

结构主义和现象学:德里达的操作

德里达论结构主义和现象学的著作出版于 1967 年,一共三本书:《言语与现象》《文字与差异》《论文字学》。这是他第一批重要的作品,它们宣告了他对形而上学思维的全面攻击。

这些文本并没有提供那种常规的论证。它们不是简单地驳斥、证明、称赞或反对；相反，德里达"制造了一个通道通向"现象学和结构主义的文本，寻找它们隐秘的不确定点，或者说不可决断性运作的点。

一定意义上，德里达做的事跟现象学和结构主义是一样的，他研究柏拉图等人，阅读他们的文本，发掘其中的不可决断之物："pharmakon"、增补、踪迹等，并使用不可决断之物去撼动形而上学的根基。

这有助于解释德里达的著作为什么令人困扰、令人愤懑和愤怒。要想接纳这种写作的奇异逻辑，就必须心甘情愿加入、认购它所承担的任务：在形而上学的思维中创造破坏稳定的运动。

这是德里达所说的重要且必要的任务吗？不是所有的读者都这么认为。但用宣称德里达的著作刻意追求"艰涩"来打发它，是太过草率的行为。如果将其理解为对西方形而上学的严肃的撼动，甚至德里达最奇异的策略也能开始获得意义。

不妨看一下其中的两个策略："古字新解"（palaeonymics）和"造新词"（neologisms）。两者都是运用不可决断性去动摇形而上学。

策略："文字"

将文字置于言语之上是一回事，但这不是在熟悉的对立中思考类项的问题。德里达将文字重新概念化为一种不可决断之物：在言语和书写文字中无所不在的在场/缺席的游戏和激进的差异化。

这是德里达用术语"踪迹"（trace）、"画图"（gram）以及"文字学"（grammatology）标明的游戏。还有"文字"（writing）。

"文字"是旧词新解：老词新用法。它不再标记书写文字也不再标记言说，而是介乎两者之间的不可决断性的游戏，它存在于口头语言、书写记号……

我们如何能知道该语词是在这个意义上使用的？没法知道，除非我们添加一些说明，如"德里达意义上的文字"（writing-in-Derrida's-sense），但增补会带给它自身一种不可决断性。德里达的旧词新解涉及词语所有用法的潜能，在他自己和其他人的文本中。

以及其他所有符号中。

德里达也捏造新词。"différance"是其中之一，它不意指任何东西，它是一个伪造的词，无法进入交流……

策略：延异

Différence
（延异）

"différance" 不是法语词，但关联着一些词。

名词 "**la différence**"（带有字母 "e"）：差异。

动词 "**différer**"：差异、延宕。

分词 "**différant**"：差异化或延宕的状态。

这些给德里达的新词提供了某种可能性。例如，动词 "différer" 兼具时间和空间的游戏：空间上有差异的 "物"，时间上的 "使某事推迟"。

对分词也是如此（"有差异的形状"，"延宕的战术"）。

但在法语中，有一个语义匮乏现象——没有动名词。我们期待有一个，不妨将它命名为 "延迟" 的 "活动"，或同某人、某物有差异的活动。如果延异是一个法语词，可能就是这种动名词，但它不是。没有动名词，它补足了语义缺失，并覆盖了所有其他缺席以及贯穿于这些相关的名词、动词等的意义咬合。

延异的四个领域

由于这个不可能的可能性[延异是（不是）法语词]，德里达将延异插入概念和语词的四个场域。

1. 插入言语和文字之间："différance"与"différence"的发音相同，尽管在口语中"différance"是听不到的。但我们可以阅读到"différance"，它赋予文字优先权，而言语是作为一种可能性寄存在它那里的。

2. 插入名词和动词之间：延异既不是名词也不是动词，它在"物"和"做"之间、实存和行动之间游戏——这些正是哲学的基本对立。

3. 插入可感和可知之间：延异在索绪尔式的符号的两个方面（能指和所指）之间来回游戏。

不妨更详细地看一下可感和可知之间的游戏。

延异超出了可感的范围，因为可感需要时间或空间的间隙，而这些间隙是无法充分理解的：在言语中，是声音之间的暂停和延搁；在书写文字中，是非语音的符号、页面间距、标点符号等。我们可以看到两个图形标记之间的不同，但我们看不到"差异"。延异涵盖这一切。

延异超出可知的范围，因为可感寄居在可知当中。正如我们从概念化的常规词的角度看到的，德里达举的例子：希腊语"theorein"（理论）也意味着"观察""看"；法语的"entendement"（理解）是从"entendre"（听）变来的名词。

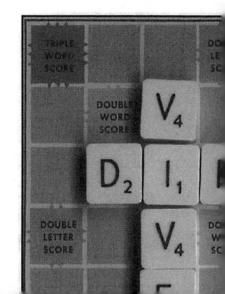

最后,

4. 插入言语和概念之间:延异既不是一个词(在法语中),也不是一个概念(一个所指)。它根本不存在;它不是在场式的存在,不是具有本质和存在的"物"。它拒绝"何谓延异?"这样的提问。更准确的写法:延异 "✖" (不是)。德里达划掉系动词,将它置于 × 之下("sous rature":借自海德格尔)。既在此又不在此,既删除又没有放弃,既在场又缺席。

延异没有紧跟标准的哲学新词的造词模式:用一个(新)词表达一个(新)概念。相反,它在不可决断性的运动中游戏。

延异是主动破坏性的。语言、思想和意义不可能安然于它们的日常路线。如果任由哲学语言废墟化,任由其自身的不稳定性之疾发展,日常语言和日常交流会发生什么情况?我们在购物中心、办公室和演说厅能仰赖已经确立的确定性吗?

它不在词典中!

我的目标不是要为这个词的发明提供合法性证明,而是想要强化它的游戏。一切都是策略,且是历险式的。因是之故,没有什么地方可以开始。

交流失序

日常语言

在德里达的许多批评者看来,德里达完全忽视了成功交流的事实,比如日常语言的正常功能。因此清晰地表达自己想说的以及知道别人怎么想,这总是可能的——原则上还要防止偶然。

1971年,法国语言哲学学会举办了一次学术论坛。主题是:交流。德里达发表了一个演讲,关于口语中的"签名、事件、语境"。

他提出了一个问题……

"交流"communication这个词可以交流吗?
也许,因为它获得了一个标准的、可接受的意义,话语语言中的交流意味着某个意义或概念在人与人之间的传递。是一个所指"在传递中",但我持有异议……

但还有其他含义。它可能指一个传递活动——力、震动或地震的传送。或者意指户外或走廊的空间通道,例如用于通行的门。在法语中,它还可能意指会议论文(《签名、事件、语境》就属于这种含义)。所以"communication"是**多义**的:它的能指关联着许多所指。这些对交流是一个障碍。如何处理?"它们被所谓的'语境'的界限极大地化约了。"德里达说,这是不言而喻的。

语境的保证

《签名、事件、语境》从语境开始。语境如何确保"正确的"意义?

德里达的演讲有一个语境:法语圈哲学家的会议。它的交流受共识的控制。

1. 有语言交流。

2. 是口语。

3. 必须遵守可理解的规则。

4. 原则上有共同认同的条款。所有这些交流都是有关语言的——不是震动或地震、通道、管道、胡同、入口、出口或会议论文。没有人书写、模仿或拍摄,主题不是地质学,等等。对于恰当的"交流",需要有恰当的交流。这不用赘述。

语境能保证这些恰当的交流吗?如此便没有人表示怀疑吗?根本上,"语境"能主导延异的游戏并给意义提供一个安全的避风港来免除不可决断性的侵害吗?

事件

J. L. 奥斯汀（1911—1960），牛津"日常语言"哲学家，他认为他所谓的"述行性"言语存在一种"安全语境"，他用一对二元对立界定述行性。

述行性言语（performative utterances）是展示行动的言语行为。说"我称这只船为阿拉戈"，就是展示命名：是命名，而不是对命名的陈述。还有其他述行性言语，如婚礼上的言语。

陈述性言语（constative utterances）是事实的插入或陈述。"一只猫坐在垫子上"或"发达资本主义的实践与男性主义的实践紧密相关"。

> 所有述行性言语都是"处理言语"的，不论婚姻、说服、承诺、呼吁、坚持、清洗、抱怨、愤怒、下注、赠礼、开放、发射……

> 陈述性言语都是对真假的评判，它们是哲学和人文科学偏爱的言语。

牛津

述行性言语无所谓真假，但它们有成功和失败。这有赖于语境。奥斯汀的述行性言语就需要正确的语境。

● 人人都遵守的惯例**程序**

● 惯例性的和恰当的**人称**、**用词**和**环境**

● 惯例性的**效果**

并且程序必须"正确地"和"完全地"执行。如果一切顺利，言语行为就是"恰当的"（合适的且可能是令人愉悦的）；否则就会有东西无法展现，或者会出错。

语言的蜕化

因此述行性言语可能失败。更糟的是:**蜕化**。奥斯汀说:"述行性言语如果是**演员**来说或者在舞台上说,或者如果引入**诗歌**中或在**独白**中,就会以某种特殊方式被空心化或空洞化。在这种情形中,语言的使用在许多时候是**不严肃的**,它们以各种方式'寄生'在常规用法中——这些方式属于语言蜕化的学说。"

蜕化意味着苍白化、褪色、白化、病恹恹。奥斯汀没有选择……

"所有这一切我们不予考虑。我们的述行性言语可理解为日常环境中发布的,我不是开玩笑。"

虚构的、剧场的和诗学的——玩笑和不严肃。

所有这一切都是苍白化的语言,是对其严肃的源头的苍白化模仿。它仅仅是"引用",它仅仅是"重复"和"反复使用"。它的述行性(以及其他)寄生在恰当语言的躯体之上。

为什么奥斯汀要排除这些?因为它们从来没有"打算"成功。

奥斯汀采用古典的形而上程序：

1. 有"严肃的"语言：它需要言说者意图的在场。述行性言语需要语境，需要正确的最后细节；其最后的细节就是它的中心，它的根基——"在场"。言说者必须有真正的、真诚的、在场的"意图"。否则言语行为就会失去它恰当的基调。

2. 有"非严肃的"语言：它引用、重复、反复使用严肃的源头。

> 奥斯汀唤醒了一种必须牢牢保持距离或者人们必须决绝地转身离开的语言烦恼。他的论证表明，语言周围的风险就像一个可能使其沦陷的沟壑；外部朽坏的场所，语言绝不会冒险进入，它可能会通过原地不动来规避这个风险。

沟壑？**文字**……

写作课：可重复性

德里达对语言的看法有所不同。奥斯汀作为反常予以驱逐的语言，德里达视作标准情形。这在写作中可以看到。我们已经看到这一点……

写作是在**缺席**上操作的。它能摆脱发话者和收件人。在缺席中，第三方可能解码它，认同它的记号并使用它。

*"iter"，重复，这个词来自"itara"，梵文的"其他"。

因此文字必须是"可迭代的"（iterable）*——可重复的，但这是在重复 – 差异的意义上说的。我们可以重复可辨认的记号，要辨认记号，就必须能够重复。我们不能辨认或"解读"无法重复的文字，它不够清晰。

可重复性动摇了"语境"作为意义的最后控制者的地位，可重复性意味着任何地方都可以重复……

引述和嫁接

可重复性有许多含义。"引述"(citation)总是可能的。我们经常从书面文件中寻章摘句,进行摘录,这种摘录的功能是有意义的。"嫁接"(grafting)同样是可能的。我们可以在文字段落中插入从别处借用来的段落(这是它的属性?)。正如德里达指出的:"没有语境能封闭它。"因此写作总是用借来的语词来书写。更别说引文、剽窃、模仿、仿写等。

这不限于书稿。可重复性、引述和嫁接在所有的符号中都是家常便饭,在我看来,这使它们都变成了书写。

例如,言语可重复、可引述、可嫁接,所以我们可以说:

她开始发言,我先生和我……

自我引述是可能的,多重地嵌入嫁接是可能的。

比如说:

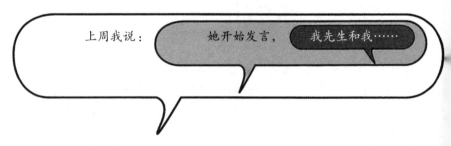

上周我说:她开始发言,我先生和我……

言语和书写一样,可以脱离它的语境,脱离发出言语时刻的所有在场。

"有哪种符号无法被引述?哪个'源头'不会在途中被遗忘?"

可能失败的法则

德里达让我们面对悖论。可重复性是语言的"风险",是它的漏洞和无能,它会使交流脱轨。

但可重复性也是交流得以可能的条件,没有它,就不可能有可确认的符号。没有引文版的"可能性",就不会有"真正的""真实的"可能性。

交流可能会因为可重复性而脱轨,它自身内部就带有脱轨因素。

奥斯汀不承认可能失败的法则:它总是有可能失败,它是一种必然的可能性。

交流？

德里达没有断言说述行性言语和日常语言缺乏效果，也没有说言论的"效果"与书写文字的效果完全一样。仅仅是它们的效果不会排除常常与之对立的东西：可重复性、引述和嫁接。这些不能从语言中清除。它们是语言的必要条件。

这能根除"语境"吗？在德里达看来，不能。语境总是存在，但它们没有中心，不能完全掌控意义。

它能根除"意图"吗？还是不能。可重复性、可引述性、嫁接可确保意图的力量在言语或它的内容中"不会完全在场"，但也不会完全缺席。

意图不会消失：它有自己的位置，但从这个位置它不再能掌控言语的整个场景和整个体系。

交流呢？它也许可能，如果交流指的是以重复－差异、引述、插入、没有边界作为前提的交易，并且这会导致对日常生活的重新思考。

意图不会消失！

——呆头雅克（Egghead Jacques）

迎合潮流的法国专家雅克·德里达推想，尽管你认为知道自己所说的，但这并不能阻挡人们脱离语境引用你的话。

换句话说，即便告诉你……

签名和花押

签名每天都有。奥斯汀认为,它们是书写中的述行性行为,且遵循他所描述的模式。尤其司法签名在履行的时刻需要一个刻意的源头对书写文字在场。签名的力量就来自这个假设……

雅克·德里达:此刻在场,当下时刻按上手印,是每个花押*谜一般的源头。

* 花押:花饰,重点画线,"结扣";还有仅用首字母签名,用花饰签名,有名字或没有名字的签名。(《简明牛津词典》)花押是一种增补。

但德里达将签名视作书写,其功能必定是可重复的:可重复、可模仿。它必须摆脱签名者和签名的意图。在签名的时刻完全没有"必要"有特殊的意图。

因此签名可以"伪造",也许是为了欺骗。这是必要的。重复"某人自己的"签名(仿佛我们拥有那个记号)通常就是一种伪造、一种模仿。我们书写其他符号的时候呢?我们知道要书写哪些记号吗?

这一切使签名变得可疑。它总是双重的,因为它总是伴随威胁,伴随可重复性的必要。它无法确保它不被怀疑。

签名是可疑的。这对它是灭顶之灾吗?签名每天都在发生……

> 可重复性是签名可能性的条件,但也是它不可能性的条件。其严格的纯粹性的不可能性,它的可分离性破坏了它的同一性和它的独特性,撕裂了它的封口。

德里达的《签名、事件、语境》以德里达的签名结尾。他签上了一个不/纯粹的签名,一个花押和一个再度标记。

因此书写,如果说有什么东西,可能就是交流,但这确实不存在,或者说很少,特此,以最难以置信的形式签名。

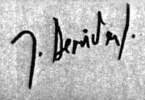

评论:此一口语的—交流的书写—文本将在开会前发送给法语界哲学学会。因此这个书信必须有签名。我签了,并且伪造了一个在这里。在哪里?这里。J.D.

有关交流和签名的这个讨论的重要性在哪里？

德里达证明说，交流总有重复、引述、嫁接的倾向。果真如此的话，它就不能作为意义有保障的和主导的通道。德里达说，语言是一种"不可操控的散播"。

我在此有一个论文签名，是希特勒先生和我自己签的……

我们甚至不能确信是谁在说话或写作：作者或签名者的同一性，他们发出话语，他们签下名字，他们被认为——按照逻各斯中心主义的观点——是话语的源头或中心。

德里达使交流脱轨，将无序引入它的基础性概念。

我们一直在沿着德里达探寻"基质"所行的两条道路前进：**不可决断性**，以及它对基本对立的破坏；**将失序引入交流**。

这把我们引向了一种不熟悉的思考和写作：解开、动摇、撼动、解体、消解……

● 不能"脱离"德里达的文本所考察的文本来定位德里达的文本，如定位想要主导的立场或被赋予优先地位的作者的立场。他不是简单地拒绝或反对它们。那更像一个寄居于它们的策略，通过它使段落发生松动，解除它们的前提，消解它们：挑拨它们的基础层面。

● 德里达的文本需要它们的"主人"文本（host texts）。一定意义上，它们是寄生的。不可决断之物需要它们想要破坏的二元对立。不过"主人"文本已经包含一些将使它们松动的元素：柏拉图有他的"pharmakon"，奥斯汀有他的可重复的蜕化。尽管这些常常被忽视、被否定、被下令，或收到驱逐通知。

● 不可确定性和交流脱轨总是且已经在工作，在所有话语中——法律、政治、教育、军队、医学等，还有哲学和理论。

德里达的任务就是加强它们的破坏性游戏，他的策略和谋划叫作：**解构**。但在许多方面，德里达的写作几乎不需要它……

> **解构**是一个前途令人讨厌、让我吃惊的词。我不认为它担得起这样一个中心的角色,它在某种处境中服务,但它从来不会令我满足。它不是一个合适的词,不够优雅。

解构是什么?

德里达在早期著作中就使用过这个词,它实际上是德语词"Destruktion"或"Abbau"的吸收和翻译,海德格尔曾用这些词对形而上学进行重新考察。在德里达看来,法语词"destruction"太过负面,且意义单一,它指的是对抗性拆除或擦除。在德里达的用法中,"déconstruction"指涉一种双重运动:既指混乱无序、缺乏安排,也指重新安排。

"déconstruction"这个词在法语中很少用,它指的是一个句子中的语词按语法重新排列,或者作为动词"déconstruire",指为了运输去拆解一台机器。

何谓解构?

"解构"一直是一个有争议的词。在致日本研究伊斯兰教的学者井津俊子(Toshiko Lzutsu)的信中,德里达问道:它能被界定吗?它能被翻译吗?例如翻译成日语?(《致日本友人的信》,1983)

首先,拿来翻译它、界定它、赋予它确定意义或概念的任何术语,本身都应当接受解构操作。

其次,存在可被界定或翻译的"对象"吗?德里达反对这样一种说法:存在解构的概念,对言语的纯粹在场,脱离言语在不可决断之物决定的句子和句段中进行书写。根本没有这样的概念可以直接穿过进入其他言语、其他语言。

按德里达的观点,这是翻译的普遍难题。译者必须说但又无法说(have to say, and not say)某人已经说过的话。

你不是这样想的吗?

定义和翻译总是倾向于古典形而上学的程序,尤其它们的本体论动机:确定存在为在场。德里达指出,最好把解构描述为**对思考"何为本质"的一种怀疑**。

所有"解构是X"或"解构不是X"这样的句子都先行地错过了关键点,也就是说它们至少是虚假的。解构中首要的一点在于对本体论,尤其是第三人称现在时假设语气"S是P"的划界。

格夫·本宁顿提供了一个格言:"解构不是你所想的那样,如果你认为它是对心灵呈现的一个概念,'你认为,'这个行为已经就是解构了。"

一主义?

对解构的命名就是让它就位,为它披上熟悉的、稳定的、逻各斯中心主义的思维方式。确实,根本上说,解构必定是一种**分析**或**批判**模式,一种**方法**或**谋划**。德里达反对这种认识。

这会导向"解构主义"……

"分析"力图区分简单的、不可分的要素,然后把它们看作源头性的和解释性的。在其对西方形而上学的操作中,解构抵制向单纯要素或源头的移动。

"批判"在常规用法中意指一种独立于其对象的立场。解构强调在形而上的二元对立双方(如内/外之间)往返的运动。

"方法"在德里达的理解中是通过选出某些话语项,然后拿它们来命名某些"技术性的"或"程序性的"东西。他尤其在美国的解构操作中看到了这一点,比如在耶鲁解构学派的文学批评中。

> 这导致了学院建制的驯化和重新配置。

那么,作为最后的手段,解构能被描述为一种"谋划"吗?即便提前有一个结果,一个先行决定其运动的目标,也不能说它是谋划。这一目标根本上会构成主导。解构可以为自己的运动清理道路,但完全不知道会通向何方。

这个位置不是解构吗?它的支持者就处在不可能的立场、当代思想的"非位置"?

我想说的是,解构不会因为承认自身是不可能的而损失什么;那些因为那一承认而沾沾自喜的人也不会从必需的等待中损失什么。

对于解构操作,**可能性**是危险,成为规则主导的程序、方法、可接近的方式的危险。解构的兴趣,这种力和欲望本身具有的旨趣,是某种不可能性的经验。

1967年,德里达在论文《结构、符号和游戏》结论处提出了两种思维方式之间的问题。一个是梦想破译逃脱了游戏的真理或源头;一个则离开源头而肯定游戏。

这也许是选择的问题,或者按德里达的观点,是"放弃充分在场的梦想"的历史必然性的问题:重新确保根基、源头和游戏的终结。

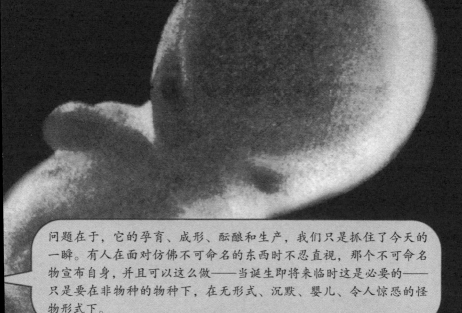

问题在于,它的孕育、成形、酝酿和生产,我们只是抓住了今天的一瞬。有人在面对仿佛不可命名的东西时不忍直视,那个不可命名物宣布自身,并且可以这么做——当诞生即将来临时这是必要的——只是要在非物种的物种下,在无形式、沉默、婴儿、令人惊恐的怪物形式下。

写作与文学

到 1950 年代，法国的哲学和文学出现了新的连接点。1930 年代的超现实主义诗人已经论及哲学议题。阿尔贝·加缪（1913—1960）、让-保罗·萨特等人的小说、戏剧和诗歌探讨了存在主义的议题。还有马拉美式的诗人和批评家保罗·瓦莱里（1871—1945），他认为哲学是一种写作实践，因此是文学的一个亚范畴。德里达从瓦莱里那里获得启示，觉得有必要像研究文学文本那样研究哲学文本，必须关注哲学文本的风格、形式、言语特征，甚至它们的标题、章节安排和版式结构。

但传统上哲学式的"真理"追求宣称其对文学风格关注的优先性。

文学文本、哲学文本

不同于瓦莱里，德里达对单纯"颠覆"哲学高于文学的等级制主张没有什么兴趣。他是要寻找松动或"置换"两者间界限的方式，质疑两个范畴本身。

"文学"或"哲学"的所谓本质是不存在的。它们是不稳定的、没有保证的范畴，如果它们是安全的和自然的，那是因为它们由强有力的、以基本思维为前提的共识所主导。

它们的边界从来不完全确定。文本有许多特质和特征是其他文本也具有的。一个文学文本可以分享哲学文本、法律文本或政治文本的某些特征。

德里达利用这一点。如果范畴和边界被打乱，等级制也会因此失控。

污染

因此德里达让文学和哲学相互"交流"。这是一种解构策略。哲学和文学的某些特征仍然存在,但它们没有一个安全的、主导的力量来掌控书写的内容和阅读的方式。

我感兴趣的不是严格意义上的哲学或文学,两者都不是我所梦想的写作,尽管文学和哲学的记忆一直都在——我没想抛弃这个记忆。

哲学从自身的污染中可以获得什么?研究文学能揭示哲学的"阐释边界"。这是德里达特别感兴趣的。

他从两个方面寻找答案。他在写作中谈论文学文本,虽然不是生产标准的文学批评。同时他从文学写作中借用手段和策略,将其运用于对形而上学的松动。

边界的写作

为找出"可撼动语言边界"的文本,德里达求助于先锋文学,例如马拉美、卡夫卡、乔伊斯、蓬热、布朗肖等这些现代主义或后现代主义作家的作品。

1974年,德里达为"法兰西文学大系"(Tableau de la littérature française)写了一篇论文——《马拉美》,这是德里达多次论及现代主义和象征主义诗人及散文作家斯蒂凡·马拉美(1842—1898)的文本中的一次。

马拉美的作品通常被认为是语义丰赡的诗意之作,其语言潜存着多重意义、参照和暗示。德里达却将其阅读为对语言元素尤其是单词的拆解。

马拉美
MALLARME

马拉美的《黄金》(Or)对"or"作为两个字母、一个音节和一个单词进行游戏。它们总共是三个元素。

马拉美使用了"单词"——"黄金":

déclats d**or**(闪光的黄金)

d**or**ure(金光闪闪)

……但他也将"or"作为单词内的字母加以使用。

maj**or**e(增加)

trés**or**(宝藏)

deh**or**s(外部)

h**or**izon(地平线)

fantasmag**or**iques(幻影)

甚至作为一个单词,"or"也不稳定。它是一个名词("黄金"),也是一个形容词("金色的")和一个连接词("现在"):"une éclipse, **or**, telle est i'heure"(日蚀,**现在**,正是时候)。

在马拉美看来,语词的次序是重要的,他常常将"or"置于"son"("他的"或"它的",物主代词,但也是名词"声音")之后:

"son or"("他的黄金"或"金色的声音")。而且在法语中这个"sounds"就像"sonore"(= "sonorous",形容词)。

他使"son"在形容词和名词之间徘徊。

尤其是,"le son or"的意思可以是"金色的声音",也可以是"读音 or",恰如那个音节的读音,语音材料。

而且马拉美——《英语单词》(Les Mots Anglais)的作者——发现,"or"在英语和法语中,都可以是一个音节、一个单词或两个字母。

拆解单词

这与其说是语义丰赡,还不如说是语义含混。并且它产生于字母、声音、单词定位的不安静——产生于"句法"(语言要素的定位)而不是语义(意义)。事实上,它扰乱意义,并使其脱轨,德里达的兴趣不在于所谓的内容丰赡,语义奢华,而在于通过策略性的句法安排来使内容错位。

这一运作在哲学中也一样。马拉美式的句法抵制关键的、基础的哲学语词——如"真理""存在""源头"——的安全内容。因此德里达拆解语词,延异既不是名词也不是动词(根本就不是单词,不是概念),它动摇了逻各斯中心主义文本所需的稳定的意义秩序。

> 没有名词,没有被简单命名的东西——它也是连词、形容词等。仅仅就是语词:一个音节可以分散语词。

阅读马拉美

这与"斯蒂凡·马拉美"有何关系?德里达搁置了文学批评的常规问题,例如"署名权"。作者能对文本在场并控制它的意义吗?我们必须研究作者吗?在《马拉美》的最后,德里达念诵了法则。

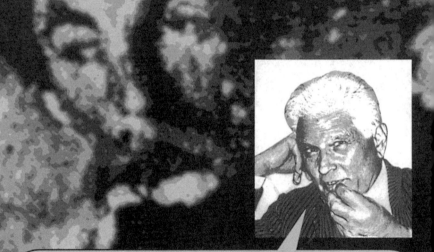

人们已经谈论过斯蒂凡·马拉美,他的思想,他的无意识和他的主题,即他似乎想要说的东西。人们已经谈论过他的影响,他的生平,首要的是他的丧亲之痛和他的抑郁,他的教诲,他的旅行,他的家庭和朋友,他的文学沙龙,等等。直至最后声门痉挛。

作者的意图、思想、环境?这些都有一致的批评范畴。在德里达看来,它们都没有办法为阐释提供一个可靠的基础。它们的前提是形而上的二元对立,假定"决定"的可能性与马拉美文本的策略无关。

尤利西斯留声机

1984年,德里达应邀参加法兰克福第九届詹姆斯·乔伊斯国际会议。他会对与会的乔伊斯专家说些什么呢?这些人可是文学领域的决议的守护者。

作为文学批评,《尤利西斯留声机》可谓非同寻常。它寄生和模仿讽刺史诗小说《尤利西斯》(1922):乔伊斯对1904年6月16日都柏林的叙述,这一天平淡无奇,并无什么重大事件。德里达的文本解释了自己的文本结构,对标题的使用,德里达对东京湖的明信片的寻找,《尤利西斯》中的"东京之战"等。像《尤利西斯》一样,它是一个巡回旅行——牛津、俄亥俄、东京、巴黎——并插入了作者的形象:埃利亚(Elijah)进来了,作为一个博学的远程信息处理总机操作员,并且是高深莫测的形象。(德里达有一个希伯来名字"Elijah",法语叫"Elie")这是一个平淡无奇、没有非凡的事件作为标记的文本……

乔伊斯内心的"是"

像《尤利西斯》一样,《尤利西斯留声机》重复、引述、嫁接,有时还拆分句法。这些是它的日常事件。德里达关心的是让它们保持在游戏状态,而不要受到标准的学术程序的约制。

他是如何做到的?例如,他考察在《尤利西斯》中多次重复的"yes"这个词。该如何阐释它?它的阐释"界限"是什么?他自己的文本表明这是很困难的事。

"Oui, oui, vous m'entendez bien, ce sont des mots français."

德里达的第一句:"Oui,oui,vous m'entendez bien, ce sont des mots français。"

它们无法完整地翻译,但可以部分地译成英语:"Oui,Oui,你们听我讲,这些是法语词。"

这是一个使翻译脱轨的句子。("是的,是的,这些不是法语词?")德里达对法语和英语版的《尤利西斯》做对照阅读,想要对翻译作为一种新文本而非照搬原文意义的观念保持开放的姿态。

而且我们还会遇到另一个问题:引述。德里达的第二个"yes"是对第一个"yes"(或别的"yes")的"引述"吗?我们无法确定,因为他也许就是第二次使用"yes",以强调"也许"的含义,或者是为了确证第一个"yes"——对"yes"说是。在引述和使用之间,这是不可确定的。

因此我们根本不是在接受德里达,根本没有办法了解"他想要说的"。我们能大声且明确地接受来自乔伊斯的"yeses"吗?

其他的"是"

也许有些标准的学术程序可以提供帮助。德里达采纳了其中的一些,可能是为了反讽。

首先,找到所有的"yes",德里达得到了222个,这似乎是一个细读,但可能电脑可以提供帮助。

电脑被使用,是359。但这个任务的界限最终如何建立?程序员如何决定当排除的东西?船长吗?其他肯定("他点头")?非英语的"yeses"、"si's"和"oui's"?

这些yes需要组织到阐释范畴,德里达走得更远,可能到了十。yes可以读作提问形式,遵从或服务的符号(是的,先生),承认事实,欲望的同意,心不在焉的礼节的肯定,等等。但这个列举永无止息。

这些首肯是确定的用途或引语吗?

不可确定性排除了同时代的阐释机器,甚至乔伊斯的阐释作业。

以乔伊斯之名

电脑脱轨了,乔伊斯专家呢?

当你召唤哲学家、精神分析学家、语言学家等的外部能力的时候,不也是在羞辱他们吗?并且因为你期待从他们那里得到消息——好消息至少从超级记忆的内在性传递到你这里,让你在梦魇中就像幻觉者一样在内在性中绕圈。

我们摆脱双重幻觉和双重恐吓。(1)没有真理来自乔伊斯共同体外部,没有经验,狡猾和知识被训练有素的读者收藏。而且(2)乔伊斯的权限没有模式,没有封闭的可能性。没有绝对的标准可度量有"乔伊斯"签名的文本的主题的话语相关性。

批评的任务

德里达的程序非同寻常。

- 他动摇文学作品和批评文本之间的常规关系,他的写作不是对《尤利西斯》的"回应",而是部分地"像"《尤利西斯》。这是一个创造性的作品,和乔伊斯的计划异曲同工,并借用了后者的文学手段。而这是许多文学批评家十分着迷的一种观念。

- 德里达搜寻阐释的界限——标准批评程序崩溃的点,使阐释归于失败的点。作者研究和分析性的文本细读都无法逃脱这些失败点。

- 德里达以文学建制为对象,假定它能标记出自身专业的空间,将自身安全地置于自己的边界范围内并操控内部的一切,比如有"乔伊斯"签名的文本。

打开文本

为文学批评保留"基础"的东西是什么?也许是文本。确实我们确信我们拥有文本。

但何谓文本?如果我们想要一个肯定的答案,文本就得具有一些可确定的特征。最好有如下特征:

某些**边缘**或**边界**来标记它的内部和外部,这样就能将它视作一个统一的"整体",具有一定的界限。我们必须知道在哪里该停下来,从哪里开始。

它应该属于某个可辨认的文类,使我们确信它属于哪一种文本类型:小说、散文、戏剧、诗歌等。

需要有一个作者,或类似签名一样的东西。

需要有一个题目,以便能正确地叫出它的名字。

德里达打开这些并动摇它们的稳固性——不是通过**有关**它们的书写,而是通过制造文本,使它们以不同的方式展示出来。《丧钟》大概就是他最著名的范文……

《丧钟》

《丧钟》(1974)是一个极其不正统的文本。它的页面由两个纵列构成，里面引述性地插入来自不同作者的文字，且采用不同的印刷字体、不同的格式和语言，由此形成一种干扰。它也许是一个激进的拼贴。

左列是一个哲学的"大人物"……

右列是对另一位作家的论述……

格奥尔格·威廉·弗里德里希·黑格尔(1770—1831)：德国唯心主义哲学家，耶拿大学、海德堡大学、柏林大学教授，《精神现象学》《逻辑学》《法哲学原理》的作者，将世界历史视作精神（或逻各斯）朝向自我意识演进的历史、朝向绝对精神"提升"的辩证法的名流。

让·热奈(1910—1986)：非婚生的法国作家、小偷、惯犯，法国政府终身监禁的囚犯，马赛童妓，"男版""女向"同性恋者（惯偷），受到萨特和其他知识分子支持的文学家，自传体小说《小偷日记》的作者，写过小说、戏剧和舞台剧（《鲜花圣母》《女仆》《阿米达镜子》等）。

《丧钟》让哲学向文学开放。如果不将内部边缘持续地向另一面打开，两列都无法阅读。德里达引述和嫁接黑格尔的个人书信、档案和他的哲学文本，以及热奈的《小偷日记》和他的散文诗。

那么《丧钟》真的是一个文本吗？

《丧钟》有边页、作者、标题等，但没有固定格式。

一个作者？

　　《丧钟》有"多重"签名，但作者受到质疑。（签名总是"分离"，德里达说）甚至那些名字也是不固定的。黑格尔押韵"aigle"（鹰），热奈押韵"genêt"（扫帚花），德里达对这些名字游戏，将它们作为"单词"，将其诉诸拆解，而不是简单的个人署名。

一个标题?

"Glas"在法语中意思是"丧钟",能发出庄严声响的钟。与它较为接近的单词是"glace"(冰、镜子或玻璃窗)。它与其说是一个哲学或批评文本的名称,不如说是一个单词,《丧钟》不当地撞击,是命名的滥用。

边页和边界?

《丧钟》有边页,但它们严重**破坏**了文本——它们在文本内分化文本,使文本没有整一性或统一性,没有恰当的实体。并且它的碎片性提供了多重的开始和结尾。

至于**文类**,我们应该将其看作文学(场景、散文诗、拼贴)或哲学(论文、注释、对话、批判、评论、对谈)吗?或者说我们可以像德里达那样确认它不可能"没有文类混合"吗?

《丧钟》近乎是一个文本,但又比一个文本多一点点。

哲学、文学

有些批评家将《丧钟》读作艺术作品,剔除它的哲学旨趣。

> 我研究德里达,思考他的风格而不是他的哲学观点……
> ——乔治·乌勒梅,1985

> 一定程度上,《丧钟》是一种艺术形式,与马格利特的《笑话》有关,克拉斯·奥尔登伯格的雕塑,阿波利奈尔的"抒情表意文字",杜尚的现成品,马里内蒂的具体诗学,甚至罗伯-格里耶的"场景",它们都是巧智的谋划,涂鸦。
> ——戈弗雷·哈特曼,1981

《丧钟》

但是,松动文本,对作者、边界等的游戏有哲学上的理由。德里达对黑格尔的"父权""家庭""神圣家族""国家"是调节真理和通向权威轨道的保障通道的观点给予批判。

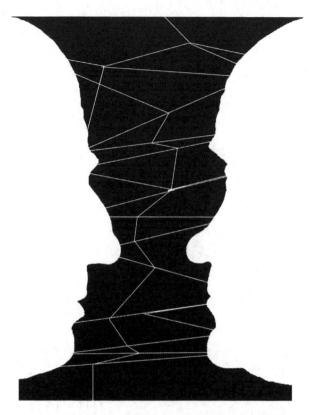

因此至为关键的是在法哲学家黑格尔和港口童妓热奈的相遇中,哲学在追寻真理方面的指导,以及国家和父权制法律所维系的统治。

德里达的文本把哲学家、小偷、父亲和家庭变成了不稳定的形象,它们的同一性不再有保障,常规的等级制也是如此——神圣不可侵犯的"真理"书写、有保障的知识"传播"。

在《丧钟》中,哲学家的文本无法对文学家、小偷或其他人的文本提供可靠的抵抗,一旦哲学承认它是书写,它的边界就不再安全。

建筑

对德里达而言,哲学和文学以外的运动是必要的。如果说逻各斯中心主义思维不限于"语言"现象,那解构也是如此。

因此德里达和其他人把解构运用于非语言领域,如建筑和艺术。

解构纯粹是语言学的吗?那是地道的误解,或者说是"限制"解构的政治策略。

解构建筑

解构在**建筑**中听起来是不可能的,它能动摇根基、撼动整个结构吗?它能成为实用的、美的和可居住的吗?

1988年解构在建筑中几乎成了一个运动。纽约现代艺术博物馆(MOMA)展览了七位建筑师的作品,策展人的题目为"解构主义建筑"。十年的边缘化争论在此汇聚成为一个中心。

现代艺术博物馆的建筑师对解构的态度各有不同,他们全都挑战建筑的假设,其中有两位还在德里达的意义上使用了"解构"一词,他们是:彼得·艾森曼(1932年出生)和伯纳德·屈米(1943年出生)。

1982年,住在纽约的39岁法籍瑞士建筑师屈米被选中负责在巴黎维莱特设计"21世纪都市公园",这一设计成为解构建筑争论的焦点。

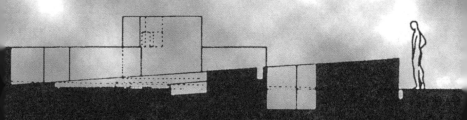

维莱特公园

公园是法国官方的项目,为弗朗索瓦·密特朗的**巴黎都市大计划**的一部分。和 1980 年代其他项目——比如巴士底歌剧院、卢浮宫金字塔、拉德芳斯凯旋门——一样,它引发了美学上、政治上和经济上的争议。总统委员会划拨了 125 英亩土地和 2 亿美元的预算。

原址以前为屠宰场和杂货商场,是 1867 年豪斯曼男爵在巴黎大都市东北角为现代"高效率"肉类加工做的规划。边上紧邻运河、铁路和麦克唐纳大道,处在有大量移民人口的劳工阶级生活区的中心。

公园 1992 年基本完工,它与其说是自然风景的再造,不如说是 1 公里长的都市娱乐休闲中心。

它是世界上最大的没有整一性的建筑。

公园的解构

屈米提出了一种"断裂建筑"的概念,能把这看作解构吗?

1. 它打乱了建筑关于体系的假设。

公园有体系:**点**、**线**和**面**。但它们被叠加在一起,以至于相互扭曲,有时相互冲突。道路和建筑相互交叉,坡道和台阶相互切割,等等。体系没有综合,没有整一的连贯**效果**。

2. 它是污染的建筑。

屈米鼓励建筑和来自电影、文学及其他文化领域非建筑的观念、元素、形式等形成对撞,"它鼓励冲突胜过综合,碎片胜过统一,疯狂和游戏胜过精心的管理"。

几乎不像有什么**功能**……

功能性的奇想

屈米推进了"规划的不稳定性",挑战常规的设计观念即建筑的实用性。"如果建筑在历史上一直是**费用**、**结构**和**用途**的和谐和综合,那这个公园就是自反式的建筑。"

屈米为公园提供了 41 个奇想(Folie)*:1000 万立方米的变形红色钢板。它们可能有其功能,但屈米并没有事先提供特定功能。到目前为止,"奇想"有咖啡厅、录像厅、邮局、儿童游乐场。还有一个白相观景台(folly-belvedere)和一个白相信息中心。

如果我们期待一个建筑按照可确定的功能称呼自己,那维莱特的奇想建筑可能是不确定的。

*Folie:疯癫、无意义、奢华,但也有小农舍的意思。

"我们鼓励合并表面上不相兼容的活动（跑道穿过热带温室里面的琴房）。"

那么，诊所污染了垃圾堆，还有部长住宅、纺织工人的血汗工厂？它是影响深远的建筑政治的观点。

屈米的小伎俩是德里达意义上的解构吗？批评家的观点并不一致。那么，德里达对建筑怎么看？

1980年代，德里达在论文和访谈中对论争发表看法，评论屈米的公园和解构建筑的其他方面。

当你解构建筑哲学、建筑假设的时候，解构就在建筑中出现了。

可以从两个方面来考察德里达的观点。

1. 挑战建筑中哲学概念的权威

建筑依赖于"本质性的"或"基础性的"的二元对立、风格的形而上学，并对解构运动保持开放……

解构可以动摇建筑的源自哲学的概念。

如此的话，更为关键的就不只是让建筑"看起来"像是要倒塌、滑坡或内部陷，对解构性的建筑而言，提前倒下的并不是视觉"外观"。

2. 质疑哲学中的建筑思维

西方哲学时常使用建筑学的术语：基础和上层建筑、根基和结构、奠基时刻和创始人的隐喻。例如，17世纪的笛卡尔用"城镇奠基"描述他创立新唯理论哲学。

海德格尔也使用建筑术语：基础结构的大厦，以及晚期的语言作为存在之家、栖息之所、栖居之地。

> 语言是存在的家，人栖居在语言之家。

建筑学思维是逻各斯中心主义的。解构性建筑反向地呼应哲学，打乱了这些隐喻的力量。那么哲学和建筑有紧密交换的点吗？

合作：哲学和建筑

1983 年，屈米邀请德里达和纽约建筑师彼得·艾森曼合作讨论维莱特公园。德里达当时正在研究柏拉图的《蒂迈欧篇》，他把研究引入了计划。《蒂迈欧篇》是希腊人第一部用神圣的、有意图的工匠即造物主来解释自然界创始的作品。

但柏拉图面临着一个难题。他认为每一个物体都既有理念的**理想**形式——纯粹可知的、完美的和永恒的原型，又是**可变可感**的复制品。复制品必定是在某个"场所"被创造出来的。柏拉图虚构了一个地方：一个容器，称之为"chora"（霍拉）。

蒂迈欧解释说：

> 我们必须尝试用语言描述一下那个艰难晦涩的形式，它是容器，事实上，是所有生成变化的保姆……

我们可以使用诞生的隐喻。比较一下**母亲**的子宫、**父亲**的理想模型和他们生育的**后代**的样子。

那是一种中性的有弹性的物质，可延展的，就像黄金。从它那里进进出出的事物是永恒的现实的摹本。

我们还发现，接纳**每一种**特征的事物必定缺乏**所有**的特征。

容器是不可见的和无形式的，拥抱一切，以最令人迷惑的方式拥有知识，不过十分难以掌握。

它是容器和包容物之间的某个东西，就像沙滩上的沙子：它不是位于某个处所的对象，仅仅是水的运动的记录。

德里达的哲学兴趣是这个非处所可以逃脱古典本体论,它是一个空间而不是一个场所,它抵制在场。

> 霍拉是一种**空间**,那是一切事物得以发生的必要条件。它无法被表征。

柏拉图对霍拉的描述仅仅是列举出一些精巧的隐喻,因此德里达探究这些隐喻,尤其是女性化的隐喻。霍拉是母体,就像子宫,它是母亲和保姆,德里达对字母 L 进行游戏,在法语中也写作"elle"。

而且"chora"是一个单词,可以拆分:choral(合唱)……vocal(声音)……chords(和弦)……chorale(圣咏)……名字"Corelli";coral(珊瑚):"珍贵的和石化的"……choreographies(编舞)……

这一非空间能以建筑的方式考察吗?德里达提供了几种可能性:也许是一个倾斜植入的、镀金的金属物体,或者一个镶嵌或烤制的立体框架,就像一个漏勺或一个弦乐器;一个航空望远镜或相机滤镜,一个照相机或胸透机,与其他东西和睦相处。

> 我们终于强迫雅克涂鸦了几笔。

多声部作品

1970 年代末开始,艾森曼一直在以解构的方式工作,质疑建筑的二元对立:内部 / 外部;结构 / 装饰灯。

他拿出了一个多声部的设计,引用了三个文本:

- 他自己早期为威尼斯卡纳雷焦(Cannaregio)设计的住宅项目;
- 德里达论"霍拉"的文本,以及他的素描;
- 屈米的公园计划,有微缩引述。

* "多声部作品"将倾斜的钢板平面同追踪屈米体系的酸蚀的线组合在一起。

艾森曼使用他的"挖出"策略,暴露地基、它的历史,并将它们纳入作品的一部分。如果不在原地,就建造它们。因此,"多声部作品"*包括许多古老巴黎城墙的结构性碎片,白色大理石,以及地下的 1867 年的屠宰场。

钢板上有放大的"EL 型"

交换引发了建筑和哲学的重要问题。

艾森曼的"去本体化"空间方案和德里达的想法是一回事吗?

另一方面,这种哲学运动对建筑师来说可能吗?如果要修建这样的建筑物,必定涉及有些材料处理要倾向某种在场观。

> 雅克只关心他的词汇。

还有其他外在力量的作用。1987年3月是预定的开工时间,"多声部作品"没有建造。

> 我无法保证它会开工修建。它超出了预算,委托方吓到了。它占地不大,70英尺×90英尺,且大部分在地下。

> 它是对让建筑从属于**用途、美、居住**等的一种批判。我们必须拒绝**功能、美学和居住**的霸权,这是一个让建筑摆脱一切外部目的、外部目标的运动。

对德里达而言,解构式的建筑必须介入这些因素。这意味着要质询建筑的"传统律令":建筑应当有用途、美且能居住。

律令和功能

建筑无法摆脱外部作用因素:经济、政治、法律、建制等。"多声部作品"也不例外,尽管它在摆脱这些因素的作用方面比常规好一点点。

这暗示了一种刻意追求无用途、非功能、无法居住,也许还有点粗鲁的建筑。但重新铭写是可能的……

重新铭写

美、用途和功能可以出现，但需要对建筑重新铭写。外部钳制和目的仍会继续，但可以将其付诸变形的游戏。

这是德里达在《丧钟》中使用过的一个策略。不要拒绝或排斥边缘、作者、标题等，而是重新铭写它们，让它们无法做常规的、舒适的运作。这在建筑中也是可以的。

这种建筑必须突破资本主义经济、工业、政治以及根深蒂固的技术效率和宜居性观点的强有力"律令"。在建筑中，解构面临着多个困难的挑战。

19世纪的"郡"（Arrondissement）的居民呢？他们住在大公园附近，后者就像国际建筑奇珍馆的一个对象。有些建筑哲学、建筑假设可能已经受到挑战。

后现代主义

解构式的建筑是后现代主义吗?

解构常常被归在后现代文化或后结构主义理论的轨道里,但德里达抵制"post"这个前缀。

解构不属于一个时代或一个时期。解构运动也许有后现代主义的某些特征,但其主要的关注点,还是对文化实践的根本基础做出改造,不论是古典的、现代的还是后现代的。

因此有可能通过后现代主义的主题(多元主义、异质性、反风格等)来"阅读"解构式的建筑。但也有可能给出一个解构的阅读,让人们找出它驳斥建筑及哲学假设的潜能。

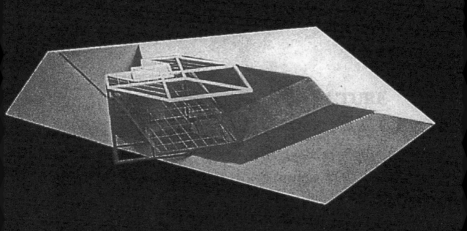

不然的话,也许可以用艺术……

视觉艺术

艺术批评家和艺术史家已经运用解构去思考视觉艺术了。例如萨热特·马哈拉杰在**波普艺术**中看到了解构的游戏。波普艺术把"发现的"大众物品和图像纳入艺术中,那么这些东西可被理解为大众文化或艺术吗?马哈拉杰把它们读作"药"。

它们是不可决断的。它们摇摆于艺术材料和日常物品**之间**,究竟属于二元对立的哪一方,永远无法解决:高级/低级、严肃/不严肃、神圣/亵渎。

那是一个逃避传统两极化阅读的运动,例如波普艺术**要么**是对大众文化的一种探究性分析,一种"真理毒药",**要么**是空洞的、整齐划一的、昙花一现的,就像它输入的媚俗:"人民的鸦片。"

如果我们把波普艺术的对象视作不可决断的,就可以干扰这些两极化的阅读赖以为生的二元对立区隔。

贾斯培·琼斯

艺术史家弗雷德·奥尔顿指出,贾斯培·琼斯(1930年出生)的作品可以按照解构的方式阅读。例如,琼斯的标题时常位于所命名的作品和其他作品之间。《通道》(1962)也是哈特·克拉恩的诗作的题目。《钟和床之间》(1981)也是挪威艺术家爱德华·蒙克的作品的题目。

这些标题的运作就像"铰链"("hinges",德里达写作"brisure"),把东西扭结在一起但又相互分离,铰链的这种操作可运用于、又不完全属于任何一方的分离。

1973年,琼斯在《无题(骷髅)》上签名,就像一件真正的艺术品,但签名随后又被划掉,被擦除。

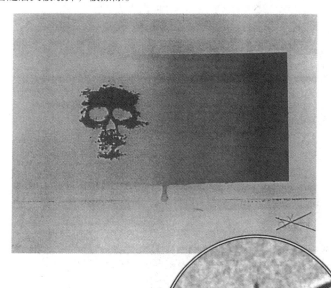

这就像一个擦除装置,德里达从海德格尔那里借用的:Being。签名没有被否认,但可疑的操作被强调。

绘画中的真理

那么视觉艺术任何时代都可以运用解构的策略,且可能没有名称。

德里达贡献了什么?他多次撰文谈论艺术,尤其在《绘画中的真理》(1978)中。

有一些论文考察的是当代艺术。德里达很病态地讨论提图-卡梅尔(Titus-Carmel)的病态之作《袖珍版特林基特棺材》。他还讨论瓦勒里奥·阿达米(Valerio Adami)的《〈丧钟〉后的素描》,以回应阿达米碎片的、几乎没有读音的象征记号,如"gl""cl""tr""+R"——被拆解的语言。

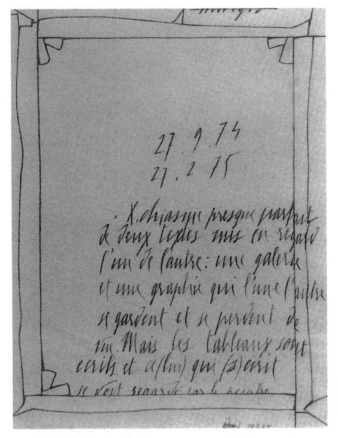

瓦勒里奥·阿达米的《〈丧钟〉后的素描》

但德里达主要的兴趣点是艺术话语的本质——书面语如何关联到视觉language,也即走向美学的何为什么要去处理哲学关心的核心场域。

康德美学

德里达在对伊曼纽尔·康德的《判断力批判》(1790)的阅读中提出了美学的问题。后者是现代美学的名著,是从哲学的方面提问艺术是什么、如何体验艺术,以及如何评判或评价艺术。

伊曼纽尔·康德(1724—1804)

康德在一组**二元对立**的基础上展开他的分析：纯粹理性／实践理性。

这涵盖了其他区隔：可感／超感官；知性／理性。尤为关键的是：客体／主体；自然／心灵。

在康德看来，难题在于如何沟通或解决这些对立。审美判断就是完成这个任务的。但德里达证明了康德是如何使用美学观点去"掩盖此举之不可能性"的。

那么，康德的"艺术"观在哪个方面是不稳定的、容易滑行的？

内部 / 外部

康德的"审美对象"具有"内在"的美、价值和意义。必须把这些品质与"外在"的东西区分开来,比如对象的商业价值、生产环境或地点等。

外在完全是偶然的,内在将超越这种特殊性。

那么对象必定有边界来严格地分离它的内部和外部。

这一永久的需要组织了从柏拉图到黑格尔、胡塞尔和海德格尔的所有哲学关于艺术、艺术的意义以及意义本身的话语,它预设了一个关于**框架**的话语。

康德必须强调画框,它包裹和保护内部,同时还创造外部。这一外部转而又被框定,如此等等。这就是"parergon"(边饰,这个词源自希腊文的"附属"或"副产品")的逻辑。

边饰

在康德的分析中,"parerga"(边饰)是指附属在艺术作品之上但又不是作品内在形式或意义的一部分的那些东西。他举出的例子有:绘画的画框、宫殿的柱廊、雕像的衣饰,它们是装饰性的附件。

它们毗邻作品但不是作品的一部分。它们类似于作品但不等于作品。它们属于作品但只是作品的附属。

边饰在字面上就是一幅画的框架,或作品的其他附属物。虽然边饰包裹作品、固定作品,但也"和外部形成交流",它是为了聚焦或引起对作品的关注。

边饰是不可决断的,它属于艺术作品的先验价值还是属于外部的、偶然的世界?也许两者都有,也许都不是。

框架向内部和外部开放,它将作品整合在一起,作品散架的时候,它就是关键。它创造作品,然而也毁灭作品。

尽管康德做出各种努力,但仍没有为审美对象提供可靠的界限,没有告诉我们从哪里开始和到哪里结束,我们的注意力在哪里就"必须"停止。

而且,如果我们无法确保审美对象,则美学的范畴如"审美经验"和"审美判断",就无法得到保障。这是传统艺术史的一大难题,也是哲学的一大难题。康德启蒙哲学的对立双方无法通过诉诸艺术而得以沟通或获得解决。

盲人回忆录

内部/外部的对立也统治着关于艺术的写作。所谓艺术的内部,因而也是艺术同一性的本质,即是针对艺术所写作的内容。书写是艺术的外部。

德里达质疑了这一假设。例如 1990 年他为巴黎卢浮宫策划了一个素描和绘画展:"Les Mémoires d'Aveugles"(盲人回忆录/记忆)。

他将图像看作边饰,看作他的文字的渗透性边界。它是让人关注通常所谓的"外部"的筹码,是建立穿过内部和外部、本质和非本质的通道的手段。

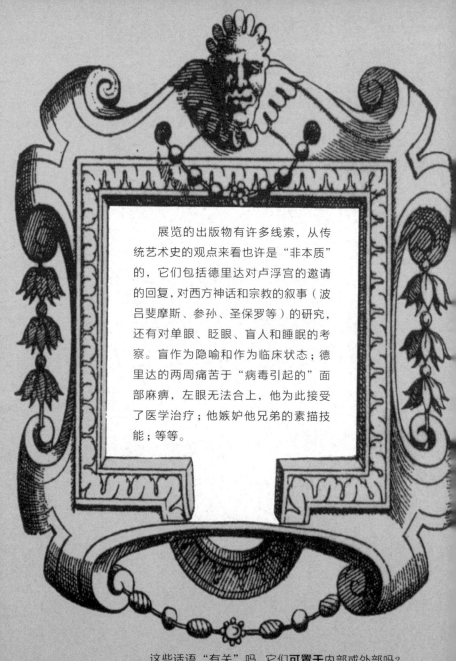

展览的出版物有许多线索,从传统艺术史的观点来看也许是"非本质"的,它们包括德里达对卢浮宫的邀请的回复,对西方神话和宗教的叙事(波吕斐摩斯、参孙、圣保罗等)的研究,还有对单眼、眨眼、盲人和睡眠的考察。盲作为隐喻和作为临床状态;德里达的两周痛苦于"病毒引起的"面部麻痹,左眼无法合上,他为此接受了医学治疗;他嫉妒他兄弟的素描技能;等等。

这些话语"有关"吗,它们**可置于**内部或外部吗?

布塔兹和素描登场

德里达的展览以其他方式打开了艺术的内部。艺术家的形象传统上体现了看与使某物可见的权力和特权,但艺术能逃脱**盲目**吗?

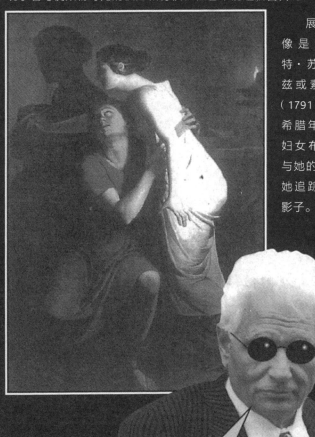

展览的开场图像是约瑟-贝诺特·苏维的《布塔兹或素描的起源》(1791),图绘了古希腊年轻的科林斯妇女布塔兹,面对与她的爱人的分离,她追踪他在墙上的影子。

它来自一个传统,在那里,素描的起源可归于**记忆**而不是知觉,叙事把图画表征的起源和模特的**缺席**或**不可见性**关联起来了。

并且这暗示了一种盲目……

在德里达的论证中,素描起源于盲目。

(1)艺术家是盲目的

尽管布塔兹在追踪,但她看不到她的恋人,她描画的时候对他是盲目的。

所有的素描都属于这种情形。对象或模特即便与艺术家面对面,在描画开始的那一刻,他都是不可见的。在他和艺术家之间总有一道鸿沟或一种延搁。描画依赖于"记忆",一旦记忆被唤醒,在场的对象就会被无视:艺术家对它是盲视的。

(2)素描的过程是盲目的

素描和语言一样,若没有**踪迹**的游戏,没有在场和缺席的游戏,它就是不可能的,并且这是**看不见的**。

因此存在双重的盲视,伴随着源头上的在场和缺席(布塔兹的难题)。艺术家观看和付诸可见的力量就源于这一力量不愿承认的盲视。

因此德里达对艺术、建筑和文学的讨论质疑了这些领域的基本概念，尤其在它们捍卫西方哲学权威的地方。但他的写作引发了许多问题。

> 污染的策略仅仅是瓦解所有的写作类型、所有的文化实践——展平所有的一切吗？

这会瓦解所有差异使其成为一般化的无差异。哲学、文学、艺术和其他实践各有自身的特殊性、自身的特殊需求和特征，这些对认同是重要的。德里达寻找策略性的污染点，在那里，形而上学的假设带有自身最大的力量。

> 德里达不是在推进一种"先验唯我论"，拒绝"文本以外的现实"吗？

更严重的问题就是重新思考"现实"和"文本"之间常规的、假定的关系。诉诸"真实"是西方思维的基本机器的一部分，例如在哲学实证主义、唯物主义等中。要解构它们，就必须在现实概念和表征之间不留出任何坚定、明确的线。

> 解构不是虚无主义吗？不是纯否定性的运动吗？例如否认意义或世界上积极行动的可能性。

解构并不否认意义，而是质疑意义的常规假设。在德里达看来，解构带有一种肯定性的冲动："它包含肯定性的行动，与承诺、卷入、责任、义务相关联。"

因此，解构有其**政治和伦理**的内涵。

政治和建制

德里达以多种方式发表过政治议题。

首先,他的写作已经对权威、等级制、法律和权利、语言、交流和同一性给出了**总体的**质疑——它们是具有政治意涵的哲学问题。

但他的著作的另一支涉及"建制"的政治。哲学必须考察它自己对知识传播和学术政治的卷入。

德里达在组织1974年成立的"哲学教学研究小组"(GREPH,Groupe de Recherche sur l'Enseignement Philosophique)的过程中扮演了积极的角色。"小组"不仅挑战传统的法国哲学实践,而且抗议政府限制哲学教学的计划。这是一个悖论性的计划:变革哲学,同时呼吁维持现状,尤其在学校。

1983年，德里达帮助建立了受政府监督的"哲学国际学院"（Collège International de Philosophie），而且成为它的第一任主任。

"哲学国际学院"作为"哲学教学研究小组"的平台推进了哲学活动的新形式，它支持跨学科研究、不先设目标或计划的研究、学校教师的介入，以及与建筑师、音乐家和艺术家创造性的、述行性的互动。

我强调其中的另一个维度——不仅运用哲学，而且要行动起来，抵制哲学并激励哲学加入新运动，创造哲学无法确认的新空间。

围绕政治的写作

德里达也介入了广义上的"政治"写作和活动。

他解构政治文本和观念。例如:

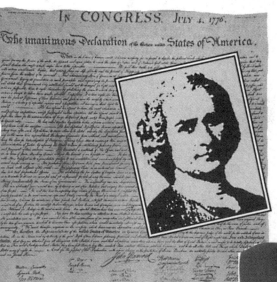

——美国的《独立宣言》;

——卢梭等人论民主制的著作;

——启蒙理性作为政治力量的观点;

——欧洲同一性的问题,以及它的帝国主义、种族主义和欧洲中心主义的难题。

德里达也时常写文和演讲支持某些特殊的政治运动(在此"支持"也意味着某种策略性的解构),包括核裁军、"核威慑"的话语、南非民族解放运动。

但解构的政治是一个十分棘手的问题。

团结与忠诚

解构似乎是"革命的",但德里达对此持怀疑态度。革命思维是**目的论的**,它从某个源头朝向某个目的前进,这是一种形而上学的程序。它的目标就是推翻社会和政治等级制。这也许会受到欢迎,但德里达的主要兴趣是**错位**而不是推翻。

总有一种保守派喜欢它。

解构抵制阵线。抵制根据**程序**或**立场**界定左或右,在德里达看来,根本没有程序,每一个行动都必须让它的程序有所更新。

如果解构带有政治性的责任,那它不应该丧失它的设问式的警觉:"解构应该重新探究责任,质疑从伦理和政治继承来的编码。"

必然地,解构在政治上是千变万化的,适用于保守的、自由主义的、左派或解放的潮流。1980年代末,有两个争论关注的就是这些议题。

海德格尔之争

德里达常常承认他的学术从马丁·海德格尔那里受益良多,尽管他觉得自己的著作是对后者的偏离——**质疑**海德格尔的源头、生成、时间等概念,尤其是在场。

> 海德格尔的著作对我极端重要,它构成了新奇的、不可逆的进步,对于它的批判性资源,我们的探究远未达至穷尽。

但长期以来,众所周知,海德格尔支持德国法西斯主义及其社会实践,他称之为"这一运动(亦即全球技术和现代人之间的相遇)的内在真理和伟大之处"。

1987年,新的研究使得事实再次被公开。维克多·法里亚斯等人证明说,海德格尔的卷入是基于根深蒂固的、长期坚持的内心承诺,而不是临时的职业妥协。

1933年,海德格尔被任命为弗莱堡大学的校长,时值希特勒政府的早期阶段。海德格尔加入了纳粹党,他的第一个行政动议就是解散大学的民主体制,在就职演说中,他鼓励学生"为拯救我们国家的本质性存在和增强其在政体中的内在力量而献身"。

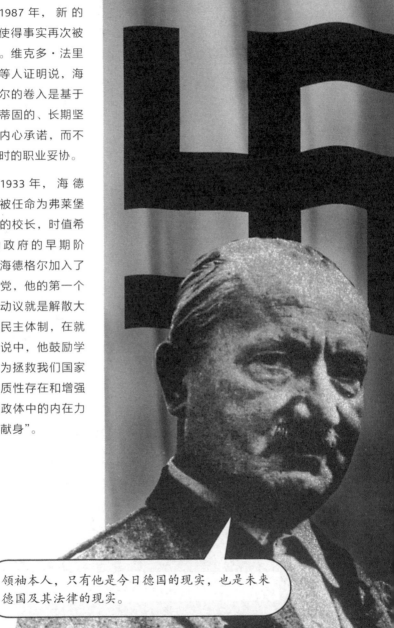

> 领袖本人,只有他是今日德国的现实,也是未来德国及其法律的现实。

因此，海德格尔提供了一套哲学去迎合法西斯主义的政治轨迹吗？许多批评家是这样理解的，例如彼得·奥斯本："他接受了自封的德国哲学救世主的角色，他给希特勒提供了一套保守的哲学革命，绘制了一个前天主教特色的基督教**精神**、胡塞尔解释学和现代主义革命的蓝图。"

德里达认为海德格尔哲学包含的东西比两次世界大战期间的德意志意识形态多得多。

不应该把暗示的"反犹"视作是同意，对海德格尔玩弄蓄意阅读的所有人都受到了"氛围传染"。

海德格尔哲学有效地捍卫了他的政治。

保罗·德·曼之争

保罗·德·曼（1919—1983）是北美著名的解构支持者，备受尊敬的学者和大学老师，也是德里达在耶鲁的朋友和同事。1987年，德·曼在战时写作的论文被发现支持德占比利时的法西斯主义政府。

1940年代初，德·曼以记者身份为纳粹控制的报纸《晚间》(Le Soir)写稿，他在几篇文章中指出，例如，犹太人"污染"了当代文学，"与欧洲分离的犹太殖民地对西方文学界没有引起任何可悲的后果"，并称和法西斯主义政府合作是比利时人和德国人的"常态任务"。反犹法律通过五个月后，德·曼写道，这是"高度文明的入侵者无可挑剔的行为"。

1947年德·曼移民美国，隐瞒了自己的历史。1983年德·曼去世的时候，德里达发表了葬礼致辞，1986年还出版了一部回忆录，1988年又为德·曼辩护。

激烈的争论带给人们许多启示。批评家不仅攻击保罗·德·曼及其著作的权威性和可信度，而且攻击解构。

争论的实情很复杂，但提出了两个重要的问题。

首先，德·曼的战时记者身份与他的解构文学理论有联系吗？如果有，是何种联系？批评家分化出不同意见。

克里斯托弗·诺里斯说："晚期著作可读作是对早期作品默默的、弥补性的*拆解*，就像德·曼的总体性恐怖、目的论、'即时主义'理论，以及绝对真理的诉求。"

特里·伊格尔顿说："称它是'改头换面的法西斯主义延续'有点夸张过度。但在德·曼对解放政治的坚决反对中，存在一种延续性。早期的极端右翼主义变异为对任何形式的激进政治行为的厌倦的自由怀疑论。"

另一个重要的问题就是如何理解德·曼的记者身份。1988年，德里达在论文《如贝壳深处的海涛声》中探讨了几种可能性。

德里达承认德·曼的文本具有全面的、主导的效果。大部分时候，它们与纳粹官方的修辞论调是一致的。[德里达]称："这些文本中有一种不可原谅的暴力和混乱。"

但这一总体效果很有可能并不连贯。德·曼也支持现代主义作家，如卡夫卡、纪德、D. H. 劳伦斯和海明威，他们的计划和文本对纳粹是反感的，而卡夫卡还是犹太人。

德里达还发现了更深的不连贯性。在一篇文章中，德·曼一上来就**批评**"庸俗的反犹主义"，当然，他有可能是在暗示存在"真正的"类型。但他没有做出任何说明。

> 那个词也可能指别的意思，并且这一阅读总是秘密地污染到其他：谴责"庸俗的反犹主义"，尤其如果没有提到其他类型，就相当于是在谴责反犹主义本身是庸俗的。

> 德·曼没有说别的反犹主义。如果那就是他的想法，就不能排除一种可能性，在那种语境中他不可能说得很明确。

德·曼的文章已经随其他文章,尤其是引人注意的"庸俗的反犹主义"文章一起印行出版。[德里达]说:"德·曼的语汇和逻辑与他谴责的东西相重合,仿佛他的文章就是在谴责相邻的文章。"

在相当细致的阅读中,德里达添加了一些深层次的问题。德·曼的诽谤不是会让人想到法西斯主义排斥、擦除的心理吗?

保罗·德·曼　　　雅克·德里达

> 呼吁禁止他的书——就是说至少比喻性的,呼吁审查或焚烧他的书——就是再生产行将消亡的姿态,人们指责德·曼没有同时武装自己反对那种姿态。

德里达最激烈的批评家反对这一逻辑。

特里·伊格尔顿说:"这其实是把德·曼弄成了受害者,而非比利时犹太人。这样做把整个问题置换成了德·曼的批评者的恶意:他们才是真正的极权论者。这实在是蹩脚的诡辩。"

但解构的政治不限于此。

解构与女性主义

解构如何与实际的当代政治斗争联系在一起？

在访谈《编舞》(1982)中，德里达暗示了某些可能性。所涉的政治是女性主义，解构与之没有任何联盟。

在某些（"差异"）女性主义者看来，解构似乎是有用的。简单地说，它的工作就是对男人/女人或男性/女性这类范畴进行错位处理：因为它们是父权制的性别的基础。

另一些女性主义者（如"追求平等"的女性主义者）将它看作女性主义的一种偏转或挪用。拒绝明确的政治忠诚，解构没有为女性主义政治行动提供任何基础。它是男性哲学家最新的武器。

乍一看,德里达的有些论证支持后一种观点,他时常强调解构和女性主义的隔阂。

> 女性主义:它是女性想像男人一样的思想的操作,就像教条哲学家,需要真理、科学、客观性;这就是说,因为所有的男性幻觉,解构肯定不是女性主义的……如果存在一种东西永远不会来,那就是女性主义。

但事情不止于此。德里达没有简单地否定女性主义政治斗争的必要性,它们有自身的位置,女性主义应该被解构,但它也是"某个时刻的必要形式"。

编舞

在访谈《编舞》中,访谈者提到了艾玛·古德曼(1869—1940)的形象,"19 世纪一位特立独行的女性主义者"。

如果我不能跳舞,我不会想要成为你的革命的一员。

舞蹈和革命:德里达的兴趣是她们的步伐的不匹配。

"你的特立独行的女性主义者一直想着与最权威、最教条的共通形式决裂,后者是以'革命'和'历史'之名发表的言论。"

德里达指出，与"有组织的"、带有历史地想象的前定目标的革命运动的口号相反，还有完全不同的另一种历史……

"……一种悖论性的法律、闻所未闻的不可计数的性差异的历史，妇女的历史已经'走得太远'，已经从她们自己的独舞中回撤了，今天她们发明的那些口头禅已经远离女性主义活动的主战场，尽管仍可以将其归于女性主义，偶尔还会成为女性主义的生力军。"

含蓄地说，这种退步、这种舞蹈是解构的，与之相反，革命的女性主义是一种"**反作用**"。

德里达借用的是**弗里德里希·尼采**（1844—1900）的术语。

> 反作用力是功利主义的、完全适应性的和自我设限的。作用性的征服力将和自己的界限游戏，彰显自己的差异，创造自己的差异，使其成为享用和确认的对象。

反作用的女性主义介入有组织的斗争，必须处理日常使用的语言和经济、法律、权利、媒介实践。它必须接受形而上学的前提和基础。作用力是一种舞蹈。德里达承认这当中的困难："最大的难题就是让舞蹈及其节奏与革命合拍的必要性。舞蹈的疯狂也可能和女性主义的政治投机达成妥协，作为托词为背弃了有组织的、忍耐的、努力的女性主义斗争服务，直面舞蹈运动无法消除的所有抵抗。"

该为此做什么？德里达没有暗示说反作用的女性主义应当迎接战斗。但可以阻止它占据整个领域，阻止它成为"女性主义之所是"。

> 你能看到我暗示的那种不可能的和必要的妥协：不断的、日常的谈判——不论是不是个体的——有时是微观的，有时因为扑克牌赌博而中断，总是失去保险……

因此解构的必要性，就像德里达看到的，以及有组织的、预设目标的斗争的必要性还在"持续谈判"。那是所有有组织的政治运动共有的难题，解构关心的对象亦在于此。

马克思与马克思主义

"舞蹈"能支撑到底,去对抗解放的政治革命的需要吗? 1993年德里达介入马克思主义是迎合趣味。这被视作是解构的"伦理转向"的一部分。

1960年代德里达同推崇马克思主义的太凯尔小组发生了几次争论性的接触,并成为法国马克思主义 – 结构主义哲学家路易·阿尔都塞的好友和同事,在高等实验学校,德里达发现他尝试使马克思主义摆脱黑格尔是有益的。

德里达发现他尝试让马克思主义摆脱黑格尔的目的论思维好像卓有成效。

接下来的25年,德里达对马克思主义保持了一种相对沉默的姿态。他说,教条主义的机器仍在工作。

也许这是一种策略性的沉默。解构马克思主义已经使德里达变成了冷战中的反共产主义右翼的同谋。

马克思的幽灵们

随着1989年苏东剧变,德里达转向了马克思主义的问题。他在《马克思的幽灵们》(1993)中指出,解构要面对两股对立的力量。

> 我确实事实上反对"马克思主义"或"共产主义"(苏维埃、共产国际以及来自它们的一切)。

另一方面,他也是另一股力量的反对者:西方民主制新右翼的新自由主义。德里达反对政治右翼因苏东剧变而产生的"疯狂的高歌猛进"。那是一种教条主义话语,是统治的筹码,认为资本主义和自由主义的地平线"永远不会有黑暗、威胁或受到威胁"。

因此为反对新右翼和社会民主的踌躇满志，德里达提供了起诉当代全球资本主义的一个清单。那是一幅令人沮丧的、人类境况日益悲惨的图景，德里达的指责在许多方面与大多数马克思主义者所做的一样。

卡尔·马克思（1818—1883）的遗产是什么？德里达要复活他，但却是以"幽灵"的形式。他错置马克思的现实主义本体论、过去或现在的现实的观念，这一观念是可知的，而不用它自己创造的"幽灵"。在马克思的写作中，有一种对"精神"观念的逃离。在德里达看来，精神是重要的——不应该否认它或对它驱魔。

它占据了抽象理想和在完全"当下"的现实中实现它的尝试之间的可能性空间。是本体论，"幽灵学"——幽灵的逻辑。

在德里达看来，马克思主义的解放承诺将在新的正义观中得到实现。"它甚至可能是一种结构性的弥赛亚主义、一种没有宗教的弥赛亚主义，甚至是一种没有弥赛亚主义的弥赛亚、一种正义观念。"

马克思主义批评家对德里达对资本主义有原则的立场和坚定地将马克思主义提上日程持欢迎态度。大多数的批评在于他给马克思主义留下的空间太小，以至于无法对国家权力和全球资本主义经济提供有效的、可计算的抵抗。争论还在继续。

因此想要运用解构和其他研究方法的理论家与哲学家发现这很困难，但有人已经这么做了，例如德里达《论文字学》一书的英译者加亚特里·斯皮瓦克。1990年，斯皮瓦克接受了杂志《激进哲学》的访谈。

> 你描述自己是"实践解构主义的女性主义的马克思主义者"，你认为这三者之间有何关系呢？

> 并无任何**连贯性**——关系是兴趣胜过单纯的连贯性。马克思主义考察资本的运作，女性主义处理主体理论、性差异的社会实践，至于解构，实际上是这两者甚或任何一方的工作方式的名称。

> 那么，比如，可以是一个解构的保守主义者吗？

> 我觉得可以。

你是学习解构方法，然后运用于实践计划吗？

我不这么认为。有一个时期，我对解构特别恼火，因为德里达似乎不想成为完全的马克思主义者，他也像一个性别歧视者，但那是因为我想让解构成为它所不是的那种东西。我通过确认它的界限认识到了它的价值，我不再要求它去为我做一切事……我特别受不了人们太深陷于解构以至于思考的时候寸步难行。

解构的遗言？

这些政治争论表明，解构如果想要具有**伦理**义务，就必须接受基本价值的必要性，那些价值是无法解构的。这也是最近几年解构面临的主要问题。

这一点至关重要，对解构总体的命运和探险也至为关键。将解构运用到广泛的领域，就像德里达已经做的那样，那不只是"语言游戏"，尽管它强调政治、伦理、经济、法律不能对语言游戏视而不见。

那么解构的未来怎样？

解构之死已被宣布多次。它是"过气的时尚"，"昙花一现的潮流"，"跟不上时代"等，并且可能是被误置了。

以这种方式消除解构，就是过分急于拒绝德里达的写作的逻辑，不论多么不熟悉。毕竟，解构总是在工作，这意味着其他运动，即便是对解构的批判，将必须在已经与之和谐相处的领域来创造自己。

解构有未来吗?

把"解构"一词的命运和能够以无解构之名但作为解构发展的其他事物加以区分,这是必要的。语词不能无限制地使用,它会耗尽,而在语词之外,就可以稍微长久一些……

参考书目

雅克·德里达是一位多产作家，出版的著作多达 37 种，论文和访谈 250 篇。阿尔伯特·勒文图里在大卫·伍德主编的《德里达：批判性读本》（*Derrida: A Critical Reader*，布莱克维尔，牛津，1992）中提供了最完备的德里达作品目录。

延伸阅读

《德里达》（*Derrida*），克里斯托弗·诺里斯（丰塔纳，伦敦，1987）。

《雅克·德里达》（*Jacques Derrida*），格夫·本宁顿、雅克·德里达（芝加哥大学出版社，芝加哥，1993）。

短文和选篇的作品集是开始阅读德里达著作的最佳途径。见《德里达读本》（*A Derrida Reader*），佩吉·卡莫夫（哈维斯特，赫默尔·亨普斯特德，1991）；以及《文学行动》（*Acts of Literature*），德里克·阿特里奇编（劳特里奇，伦敦，1992）。

德里达的访谈也很有帮助。最完备且对初学者最理想的集子是《焦点······访谈，1974—1994 年》（*Points...Interviews, 1974-1994*），伊丽莎白·韦伯编（斯坦福大学出版社，斯坦福，1995）。这之前的访谈见《立场》（*Positions*），阿兰·巴斯编（阿斯隆出版社，伦敦，1987）。

还有两本政治论文集也很有用：《哲学建制》（*Institutions of Philosophy*，哈佛大学出版社，波士顿，1992）；《谈判：文集》（*Negotiations: Writings*，明尼苏达大学出版社，明尼阿波利斯，1992）。亦见《另一个航向：今日欧洲反思》（*The Other Heading: Reflections on Today's Europe*，印第安纳大学出版社，布鲁明顿，1992）。

若干论争的背景阅读

文学批评的论争在克里斯托弗·诺里斯的《解构：理论与实践》（*Deconstruction: Theory and Practice*，梅图恩，伦敦，1982）和乔纳森·卡勒的《论解构》（*On Deconstruction*，劳特里奇，伦敦，1983）中均有介绍。

关于解构式的建筑，见《解构：文选》(*Deconstruction: Omnibus Volume*)，安德烈亚斯·帕帕达吉斯等编（学院发行部，伦敦，1989）。

关于艺术，见《视觉艺术中的解构》(*Deconstruction in the Visual Arts*)，彼得·布鲁内特、大卫·威尔斯编（剑桥大学出版社，剑桥，1993）。有两篇比较简洁的论述收录于《何谓解构？》(*What is Deconstruction?*)，安德鲁·本杰明、克里斯托弗·诺里斯编（学院发行部，伦敦，1989）。

有关性别政治和解构，见伊丽莎白·格罗兹在《女性主义知识：批判和构建》(*Feminist Knowledge: Critique and Construct*，塞内加·古纽编，劳特里奇，伦敦，1990）中的论文，以及黛安娜·艾拉姆的《女性主义与解构：堕入深渊》(*Feminism and Deconstruction: Ms.En Abyme*，劳特里奇，伦敦，1994）。

对加亚特里·斯皮瓦克的著作比较有益的介绍，见《斯皮瓦克读本》(*A Spivak Reader*)，多娜·兰德里和杰拉德·马克伦编（劳特里奇，伦敦，1996）。

想要紧跟时代的话，可参见《批判和文化理论年度论文》(*The Year's Work in Critical and Cultural Theory*，布莱克维尔，牛津，1991年开始）中有关解构的年度评论。

德里达的著作

《柏拉图的药》，收录在《播撒》(*Dissemination*，阿斯隆出版社，伦敦，1981）。

《延异》，收录在《言语与现象》(*Speech and Phenomena*，西北大学出版社，伊利诺伊，1973）。

《人文科学话语中的结构、符号和游戏》，收录在《书写与差异》(*Writing and Difference*，芝加哥大学出版社，芝加哥，1978）。

《签名、事件、语境》，收录在《哲学的边缘》(*Margins of Philosophy*，哈维斯特出版社，布里顿，1982）。

《丧钟》(*Glas*，内布拉斯加大学出版社，奥马哈，1986）。

《致日本友人的信》，收录在《德里达读本》(*A Derrida Reader*，卡莫夫编）。

《马拉美》，收录在《文学行动》(*Acts of Literature*，阿特里奇编）。

《尤利西斯留声机：听乔伊斯说"yes"》，收录在《文学行动》(*Acts of Literature*，阿特里奇编）。

《奇想点：当下建筑》，收录在《空盒子》（*Le Case Vide*），伯纳德·屈米（建筑协会，伦敦，1986）。

《绘画中的真理》（*The Truth in Painting*，芝加哥大学出版社，芝加哥，1987）。

《盲人回忆录》（*Memoirs of the Blind*，芝加哥大学出版社，芝加哥，1993）。

《如贝壳深处的海涛声：保罗·德·曼之战》，收录在修订版《回忆保罗·德·曼》（*Memoirs for Paul de Man*，哥伦比亚大学出版社，纽约，1989）。

《编舞》，收录在《焦点……访谈，1974—1994年》（*Points...Interviews, 1974-1994*，韦伯编）。

《马克思的幽灵们》（*Specters of Marx*，劳特里奇，伦敦，1994）。

其他参考读物

德里达对"矩阵"的论述出自彼得·布鲁内特和大卫·威尔斯的访谈，见《视觉艺术中的解构》（*Deconstruction in the Visual Arts*）。对建筑的评论出自克里斯托弗·诺里斯的访谈，见《建筑设计》（*Architectural Design*，第59卷，第1—2期，1989），以及艾娃·迈耶尔的访谈，见《住宅》（*Domus*，第671卷，1986年4月）。萨热特·马哈拉杰的《波普艺术的药店》，见《艺术史》（*Art History*，第15卷，第3期，1992）；弗雷德·奥尔顿的《论"蓝色"偏向》，见《牛津艺术杂志》（*Oxford Art Journal*，第12卷，第1期）。加亚特里·斯皮瓦克的访谈见《激进哲学》（*Radical Philosophy*，第54期，1990）。

致谢

作者和策划人要衷心感谢为准备本书而付出的所有同人。没有他们，这一任务将困难重重，也许完全难以想象。尤其要感谢雅克·德里达在成书的早期和后期提供的慷慨认真的协助。

策划人要衷心感谢安德烈亚·列维、朱迪·格罗维斯和奥斯卡·扎拉特维的建议和研究协助，感谢大卫·金允许使用让·热奈和艾玛·古德曼的档案照片。还要感谢兰·霍普和纳迪那·阿尔·贾拉赫出借照相设备。

作者小传

杰夫·柯林斯：曾以艺术家的身份在利兹大学接受培训和研究艺术史，现在是普利茅斯大学艺术史系的讲师，写作和讲授当代文化与批判理论。

比尔·马布林：曾作为平面设计师在伦敦皇家艺术学院接受培训，现在是伦敦设计实践基地信息设计工作室的高级合伙人。

索引

active vs. reactive,作用/反作用 160—161
aesthetic judgement,审美判断 137—140
Althusser, Louis,路易·阿尔都塞 55, 163
anti-foundationalism,反基础主义 46
anti-Semitism,反犹主义 154—157
architecture,建筑 116—131
Aristotle,亚里士多德 40
art,艺术 132—135
 and blindness,艺术与盲目 143—144
 exhibition,展览 141—144
Austin, J.L.,奥斯汀 78—81

Bathes, Roland,罗兰·巴特 55
being, meaning of,存在的意义 47
Bennington, Geoff,格夫·本宁顿 91
binary opposition, *see* opposition,二元对立,见对立
blindness and art,盲目与艺术 143
boundaries questioned,边界问题 10

Camus, Albert,阿尔贝·加缪 96
chora,霍拉 124—127
Collège International de Philosophie,哲学国际学院 148
communication,交流 76—77, 83—88
 see also language; speech; writing,亦见语言;言语;书写
communism, *see* Marxism,共产主义,见马克思主义
consciousness,意识 49
constative utterance,陈述性言语 78
contamination,污染 98, 146
context,语境 76—84

death vs. life,死/生 17—22

deconstruction,解构 2—3, 5, 88—95
 architecture,建筑 116—126
 and feminism,解构与女性主义 158—162
 future,未来 168—169
 implications,含义 146
 Paul de Man,保罗·德·曼 154—157
 politics,政治 149—150
 postmodernism,后现代主义 131
 Gayatri Spivak,加亚特里·斯皮瓦克 166—167
Derrida, Jacques,雅克·德里达
 background,背景 11
 defended,辩护 8
 degree, honorary,荣誉学位 4
 director of college,学院主任 148
 opposition to,反对德里达 4—7
 reading,阅读 13—14
 thesis,论文 12
 who is he?德里达何许人? 1
différence,延异 73—75, 77

Eagleton, Terry,特里·伊格尔顿 155, 157
Eisenman, Peter,彼得·艾森曼 117, 124—128
extrinsic value,外部价值 138

fascism,法西斯主义 151—153
feminism,女性主义 158—162

Genet, Jean,让·热奈 110—112, 115
genre,文类 113
Glas,《丧钟》109—115, 130
Goldman, Emma,艾玛·古德曼 160
GREPH,哲学教学研究小组 147, 148

Hartman, Geoffrey, 戈弗雷·哈特曼 114
Hegel, G.W.F., 黑格尔 110—111, 115
Heidegger, Martin, 马丁·海德格尔 47, 54, 151—153
Hume, David, 大卫·休谟 43
Husserl, Edmund, 埃德蒙德·胡塞尔 54, 58—59
Hyppolite, Jean, 让·伊波利特 11

institutions, 建制 147
intelligible, the and *différence*, 可知, 可知与延异 74
intention, 意图 84—85
intrinsic value, 内在价值 138
iterability and writing, 可重复性与书写 81—87

Jakobson, Roman, 罗曼·雅各布森 55, 62
Jews and anti-Semitism, 犹太人与反犹主义 154—157
Johns, Jasper, 贾斯培·琼斯 133
Joyce, James, 詹姆斯·乔伊斯 103—108

Kant, Immanuel, 伊曼纽尔·康德 136—140

Lacan, Jacques, 雅克·拉康 55
language, 语言 40, 76—81
  phenomenology, 现象学 57—59
  Saussure, 索绪尔 60—66
  serious/non-serious, 严肃的/非严肃的 80
  see also signified/signifier 亦见所指/能指
Lévi-Strauss, Claude, 克劳德·列维-斯特劳斯 55
life vs. death, 生/死 17—22
literary criticism, 文学批评 109

literature and writing, 文学与书写 96—100
logic, 逻辑 30
logocentrism, 逻各斯中心主义 43

Mallarmé, Stéphane, 斯蒂凡·马拉美 99—102
Man, Paul de, 保罗·德·曼 154—157
Marxism, 马克思主义 163—167
mathematical signs, 数学符号 58
memory and art, 记忆与艺术 143—144
Merleau-Ponty, Maurice, 莫里斯·梅洛-庞蒂 54
metaphysics, 形而上学 43—49

neologisms, 新造词 71
Nietzsche, Friedrich, 弗里德里希·尼采 161
Norris, Christopher, 克里斯托弗·诺里斯 155

opposition, 对立 18—22, 44, 58
  Kant, 康德 137
Or,《黄金》100
Orton, Fred, 弗雷德·奥尔顿 133

palaeonymics, 古字新解 71—72
paraph, 花押 85
parergon, 边饰 138—140
performative utterance(s), 述行性言语 78—80
Phaedrus,《斐德若篇》24
pharmakon, 药 26—35
phenomenology, 现象学 12, 13, 53—54, 56—59, 70—71
philosophy 哲学
  of consciousness *see* phenomenology, 意识哲学, 见现象学
  critiques of, 哲学批判 13

French，法国哲学 5，7，147
and literature，哲学与文学 10，97—98
questions，问题 9
phonocentrism，语音中心主义 39，42，64
Plato，柏拉图 23，30—31，35—39，124
　language 语言 62
play，游戏 95
political issues，政治问题 147—149
politics, Heidegger，政治，海德格尔 151—153
pop art，波普艺术 132
postmodernism，后现代主义 131
presence，在场
　and metaphysics，与形而上学 47—48
　and speech，与言语 49—50
　and writing，与书写 51

reactive forces，反作用力 160—161
reason，理性 23
Rée, Jonathan，乔纳森·雷 8
Rousseau, Jean-Jacques，让-雅克·卢梭 40

Sartre, Jean-Paul，让-保罗·萨特 54，96
Saussure, Ferdinand de，费迪南·德·索绪尔 40，55
　linguistics，索绪尔语言学 60
sensible, the and *différence*，可感与延异 74
signatures，签名 85—88
signified/signifier，所指/能指 61，63
signs，符号 58—59，61—69
Societés de Philosophie de Langue Française，法国语言哲学学会 76
Socrates，苏格拉底 24
Spectres of Marx，《马克思的幽灵们》164
speech，言语 38—42
　context，语境 82

and presence，言语与在场 49—50
and signs，言语与符号 59
Spivak, Gayatri，加亚特里·斯皮瓦克 166—167
structuralism，结构主义 53，55
　Derrida，德里达 70—71
supplement, the，增补 32
symposium, James Joyce，詹姆斯·乔伊斯国际会议 103—104

text，文本 97
　criticism，批评 109
thought，思想 64
　and language，与语言 58
　and speech，与言语 49
trace, the，踪迹 68
truth，真理 23
Truth in Painting, The，《绘画中的真理》134
Tschumi, Bernard，伯纳德·屈米 117—121，124

Ulmer, Gregory，乔治·乌勒梅 114
undecidability，不可确定性 88
　and art，与艺术 132，140
　Joyce，乔伊斯 106
　and the metaphysical，与形而上学 46
　writing，书写 72，75

Valéry, Paul，保罗·瓦莱里 96
virus, Derrida's writing as，德里达的写作作为病毒 14

wisdom，智慧 28
word, decomposing the，拆解单词 101
words, differences，语词，差异 67—68
writing，文字，书写 28—31，35，38，40—42，72
　iterability，可重复性 81—87

and literature, 与文学 96—100
and presence, 与在场 51
repression, 压抑 52

"yes" in Ulysses, 尤利西斯那里的"是" 106

zombie, the, 丧尸 15—22

图画通识丛书

第一辑

伦理学
心理学
逻辑学
美学
资本主义
浪漫主义
启蒙运动
柏拉图
亚里士多德
莎士比亚

第二辑

语言学
经济学
经验主义
意识
时间
笛卡尔
康德
黑格尔
凯恩斯
乔姆斯基

第三辑

科学哲学
文学批评
博弈论
存在主义
卢梭
瓦格纳
尼采
罗素
海德格尔
列维-斯特劳斯

第四辑

人类学
欧陆哲学
现代主义
牛顿
维特根斯坦
本雅明
萨特
福柯
德里达
霍金